中国青铜艺术研究

艺术研究

吉金光华

郑东平 著

安徽美术出版社
ANHUI FINE ARTS PUBLISHING HOUSE

图书在版编目（CIP）数据

中国青铜艺术研究 / 郑东平著 . — 合肥 : 安徽美术出版社 , 2022.11
ISBN 978-7-5398-8568-1

Ⅰ . ①中… Ⅱ . ①郑… Ⅲ . ①青铜器 (考古) —研究—中国 Ⅳ . ① K876.414

中国版本图书馆 CIP 数据核字 (2022) 第 034673 号

中国青铜艺术研究

ZHONGGUO QINGTONG YISHU YANJIU

郑东平 著

出 版 人：王训海　　　　　　责任编辑：司　雯
责任印制：欧阳卫东　　　　　责任校对：司开江
出版发行：安徽美术出版社　　装帧设计：秦　超
地　　址：合肥市翡翠路 1118 号出版传媒广场 14 层
邮　　编：230071
营 销 部：0551-63533604　0551-63533607
印　　制：安徽新华印刷股份有限公司
开　　本：787mm×1092mm　1/16
印　　张：20
版 (印) 次：2022 年 11 月第 1 版　2022 年 11 月第 1 次印刷
书　　号：ISBN 978-7-5398-8568-1
定　　价：128.00 元

序言

　　天工开物，铸国之大器；匠心独运，成青铜之美。

　　青铜是人类最早使用的金属之一。商周时期，青铜铸造工艺作为当时生产力发展的标志达至顶峰，青铜器的广泛使用促使人类社会物质文明和精神文化发生了质的飞跃，即从石器时代进入了青铜时代。中国的青铜时代从公元前两千年左右开始至春秋末期结束，时间跨度约1500年。正如张光直所说："中国青铜时代这个概念与中国古代文明这个概念相合到几乎可以互换的程度。"之后，从春秋到战国晚期，随着冶铁技术突飞猛进的发展，铁器时代随之到来。青铜铸造逐渐退出历史舞台的中心，但仍在其他领域继续发挥着作用。

　　吉金铸史，鉴照千秋。人类文化可分为器物文化、观念文化和制度文化三个层次，而观念文化、制度文化往往构筑于器物文化之上，寄寓在器物之中。青铜文化就是典型的以器物盛载文化，以"道与器""器与礼"的关系呈现出青铜文化与中华文化精神内核之间的源流。早在夏代纪年时期，青铜铸造已较为发达，不仅冶铸兵器、工具、装饰品，而且铸造了鼎、斝、盉等礼器，后经商周的继承和发展，成为中国古代青铜文化的核心。"国之大事，在祀与戎。"祭祀和战争是先秦时代各诸侯国最为重要的国家大事，而作为稀缺资源的铜和铜合金以及当时先进生产力代表的青铜铸造技术，也主要用于祭祀和战争这两件"国之大事"上。目前出土的夏、商、周三代的青铜器，大多为礼仪器物和武器以及围绕二者的附属用具，这就形成了具有中国传统特色的青铜文化。可见，青铜器自诞生之日起，就与当时的政治、经济、科技以及信仰、审美等密切相关，映射出强烈的文化内涵，从而形成了青铜文化。在秦朝以后的两千多年里，它渗入社会生活的各个领域，如冶金、货币、兵器、宗教、地理、天文、建筑、中医学等，不仅在每个历史时期铭刻着时代的印记，而且与其他文化彼此渗透、相互作用、同步发展，共同构成了中华民族的传统文化。

在漫长的历史时期，随着社会政治制度、世人思想、社会习俗的演变，青铜器通过造型形制、器物组合、饰纹铭文呈现出不同历史阶段的时代风貌，体现了自身作为审美艺术形态的发展，并见证着传统艺术之美的历程。它在中国古代工艺美术史上具有悠长的历史和高度的成就，创造了具有中国风格的艺术元素，构造了中华民族上承远古、绵延不绝的审美体系——中国青铜艺术。青铜器物是人类精神文明的物化表现，象征着人类对生活的美好愿望、征服自然的能力和想象力、价值观，以及对生活的态度，其艺术形式本身就具有独立的美感。中国传统艺术的表现形式主要来源于民间流传的手工艺品，这些民间手工艺品在几千年的历史长河中积累了丰富的美学实践经验，带有历史的气息和浓厚的民族特征，表现了泱泱中华的器物精神。青铜艺术做为我国铜器艺术中的经典，它遵循天人合一的哲学观念，围绕实现精神实用功能的"礼文化"展开，在整体、动态、直观的"意象思维"作用下完成了对物象的抽象化、符号化，表现出文化美、艺术美、技术美、材料美、功能美高度统一的美学特征，以制作精良、沉雄瑰丽、技术精湛而著称于世。它源于开启人类文明时代的青铜薪火，流传于今，成为中国传统艺术中的瑰宝。

世界上几乎所有文明都经历了石器时代、青铜时代和铁器时代，每一种文明都以光芒照亮着人类的行程。从蒸汽时代进入电气时代、信息时代、智能时代，我们站在当下回望青铜时代，曾经璀璨的青铜艺术将怎样伴随我们同行呢？中国古代青铜艺术从庙堂走向民间，经历了商周礼仪重器到宋代收藏珍品、明清仿制之器的过程，"三代彝器"变成"雅好古玩"，成了文人雅士清玩之物。而今我们走进博物馆，还能不能感受到青铜艺术跟我们生活的密切关系？以当代的视野传承青铜艺术，这是一个重要的问题。我们要做的就是把中国传统青铜艺术和当代思想结合起来，对青铜艺术进行传承和创新性转化。对现代艺术设计来说，青铜艺术有着非常重要的传承价值，那流传经年的传统造型、图案与色彩，是当代艺术设计取之不尽、用之不竭的资源。我们既要继承传统青铜艺术的文化基因，又要吸收当下时代的审美因素，将古代青铜器与现代设计元素相结合，使我们的艺术创作更具有民族文化的特色，同时用时尚的设计为古老的青铜艺术打上当代中国的烙印。

当今，在文化的大众性和消费化的时代背景下，艺术正走向大众、走入生活，带来了艺术审美距离的消失以及生活经验和审美经验的融合。而传播媒介的图像化和网络化，使得大众在多维的时空里，强调自身情感参与和互动体验。这些为青铜艺术的当下发展提供了时代"河床"。我们必须以宽广的文化视角自觉地继承青铜艺术遗产，在继承与发展中实现青铜器在当代文化价值与实用价值的和谐统一。

青铜艺术不仅关系到造型艺术，还关涉审美教育、文化认同、技艺传承、信仰建构，这些都与今天中华民族的文化自信息息相关。编钟乐舞，铜韵悠扬。我们要传承青铜艺术基因，发掘其当代价值，让洪钟大吕在时代的大风中响起来。

我们要研究中国古代青铜器图案、造型和制作工艺，发掘其历史文化价值，将其广泛运用到工业产品设计、旅游业、传媒业和教育产业等众多领域中去，使青铜艺术在当代经济、文化中发挥出商业价值、文化价值、生活价值。

目录

第一章　中国青铜艺术概论

第二章 中国青铜艺术源流

第三章 中国青铜艺术美学特征

第四章　中国青铜艺术表现

第五章　中国青铜艺术造型

第六章 中国青铜艺术制程

第七章 青铜艺术品的对比考察

第八章 青铜艺术与相关艺术形态的关系

第九章 青铜艺术在公共空间领域的呈现

第十章 青铜艺术在文化产业领域的应用

中国青铜艺术概论

中国青铜的文化底蕴

据传，禹建夏后，为展示天下共主的身份，巡视南方，约定诸侯及各氏族首领会于涂山，将各族诸侯、头领、方伯进献的"金"（青铜）铸成九只鼎，象征统一。这就是《左传·宣公三年》载的"远方图物，贡金九牧，铸鼎象物"的故事。自此，"一言九鼎""问鼎中原""三足鼎立"之说纷出，"鼎"便成了国家权力、地位、尊严、诚信的象征。青铜器与原始宗教、社会礼仪、日常生活密切关联，沉淀文化的内涵，是厚德载物的中国文化之器。它以造型、纹饰、铭文，全面而集中地反映了那个时代生产力发展水平、社会组织结构和精神风貌，并以内在精神融入中国传统文化的血液中。青铜器是物质的，但同时又是一种精神产品，这是中国青铜器的奇妙之处。观青铜器物的演变可见，自商周起，青铜器以祭器和礼器的形制出现，被赋予了沟通人神、象征权力地位的特殊内涵，广泛用于祭祀、宴乐、丧葬等礼仪活动。而至隋唐以后，青铜礼器退出了历史舞台，转向生活用品，向着世俗化、生活化发展。由此，从宗教意味、礼制象征到回归民间，青铜艺术的文化底蕴丰赡多姿，并呈现出清晰的发展轨迹。

宗教意味

中国自古尚巫，殷以来更是巫风盛行，巫术和战争一样成为当时重要的思想渊源。夏商周以前，在自然力压迫下产生对异己的自然力量的崇拜，形成最初的宗教——原始自然宗教。殷人尚鬼，崇拜祖先，"祀"与"戎"是当时的大事。无论成汤伐夏还是盘庚迁殷，遇及大事都要"谋及卿士，谋及庶人，谋及卜筮"（《尚书·洪范》）。商代出现了"天"这个至上神，统治者开始利用"天命"进行统治。周灭商后，看到"天命靡常"，提出"以德配天"，即所谓"五德转移"之说。"天帝""神"这种神话思维产物的造物主是统治万物的神灵，它化生万物，至高无上。而人们"近取诸身，远取诸物"，以通神灵，于是有了万物之形、万物之美。这种神道观念是一种超自然的维度，它需要一种中介来为人使用，这就有了宗教意义的祭祀物、礼仪、巫的出现。由此，中国古代青铜器得逢其时，成了宗教祭祀活动的祭器，盛放供品，以备鬼神之用。而与神话有着同源共生关系的青铜文化，也具有了相同的象征意义，其目的在于把抽象的宗教思想和程式转化为可见可触的具体形象，并呈现出神话、历史、宗教相统一的思维特征和文化形态。

《左传·宣公三年》中，王孙满在回答楚庄王的问题时说："昔夏之方有德也，远方图物，贡金九牧，铸鼎象物，百物而为之备，使民知神奸。故民入川泽山林，不逢不若，螭魅罔两，莫能逢之。用能协于上下，以承天休。"这说明了青铜器图纹的社会作用。青铜器那些种类繁多的纹样，有的象征"神奸"（即善恶），启示人们区别善良与邪恶。在祭祀仪式中，要使用大量的牺牲，涉及的动物种类很多，大多可以在青铜器纹饰中找到对应的动物的形象，主要有牛、虎、蛇、鸟、龟、蝉、蚕、象、羊、人等。这些用以祭祀的动物代表着神灵。因而，青铜器怪诞的纹饰和奇特的造型都包含着深邃的宗教含义，有着浓郁的自然崇拜色彩，其中动物形象的基本含义是沟通人的世界与神的世界的关系。虽然在陶器时代的艺术内容里不乏动物的形象，但它们的作用似乎更多的是为装饰美化之用，而不像动物在青铜器上的出现是具有宗教色彩的。

饕餮纹方鼎

这一时期，青铜器纹出现了饕餮纹、蟠龙纹等怪兽的形象，以神鬼般的威严气氛笼罩着诚惶诚恐的参拜者，给人以狞厉畏怯之感，加之器物厚重，又增强了几分严肃气氛。这种狞狞的造型与装饰，正是当时人们的神权观念和情感在器物形式中的凝固，并由此成为那个时代审美意识的物化。它们所具有的神秘威严和崇高感，就来源于鬼神神话与历史相混杂的巫史文化，那是一种"绝地天通"的力的崇高。

此后，由于社会文明的演进，商周以来的远古巫术宗教观念的影响力在迅速减退，象征奴隶主阶级残暴统治的符号饕餮纹也丧失了往日的神圣威严，代之而起的是质朴的造型、粗放的纹饰。这一青铜器风格转变反映了人们观念的解放和转变，意味着中国古代社会意识形态领域渐渐走向理性主义，导致了神的旁落。自秦汉之后，青铜器在社会生活中的地位逐渐下降，青铜器礼巫功能日渐褪去，但在一些青铜器中，神道设教之气息尚存。

礼制象征

商周时期，礼制渐熟，青铜器成了"寓礼于器"的钟鸣鼎食之器。礼者，天地之序。乐者，天地之和。在商周青铜器中，食器、酒器、乐器、水器等，不是一般的日用品，而是奴隶社会礼仪秩序的重要体现者。清代阮元云："三代时，鼎钟为最重之器，故有立国以鼎彝为分器者：武王有分器篇，鲁公有彝器之分是也。"（阮元《商周铜器说》下篇，见《积古斋钟鼎彝器款识》）如此，青铜器往往为统治阶级政治权力的象征，是奴隶主贵族及其家族身份与地位的象征，有着深刻的社会历史内涵及政治和伦理教化倾向。在每一个奴隶制王朝，青铜器都被统治阶级用来祭天祀祖，宴飨宾客，歌功颂德。例如，青铜重器"鼎"是国家政权的象征，它的存亡甚至与国家的存亡有关，因此古书有"桀有昏德，鼎迁于商""商纣暴虐，鼎迁于周"的说法。可以说，青铜器被制度化、神秘化、权力化了。在青铜器上，各级奴隶主贵族寄托着他们的信条与期望，反映着他们的思想观念。

青铜礼器按照奴隶主礼乐制度需要而赋予某一部分器具以特别的含义，这是奴隶主贵族制度在青铜器上的"物化"。它用以表明奴隶制等级制度，以器的多寡与不同的组合形式来显示不同地位、身份的贵族的价值，由此形成列鼎制度、编钟制度和赐命作器之习。在《周礼》和《仪礼》等文献中，具体记载了西周青铜器的礼制。人们用它来"明尊卑，别上下"，也就是说，它被用作统治阶级等级制度和权力的标志。例如商代盛行以觚、爵配对组合，一般奴隶主贵族墓葬常出一觚一爵，身份高的则多埋藏几套。西周则盛行鼎、簋组合，并形成了列鼎制度，天子九鼎八簋，诸侯七鼎六簋，卿大夫五鼎四簋，士三鼎二簋，都有一定的规矩。由于礼仪的功能性，青铜礼器在形态、纹饰的处理上也必须与其特有的功能吻合，并与其时代的社会生活、思想观念紧密联系。

　　一些在原始社会器物花纹的基础上产生的青铜纹饰，有大量动物形象和属于幻想、神话传说中的动物形象。那些狰狞可怖的饕餮纹、回旋潇洒的云雷纹、龙飞凤舞的变鸟纹等，给青铜器以一种超脱尘世的神秘气氛和力量，奴隶主在这些可怖的狰狞的纹饰中寄托了他们全部的威严、意志、荣贵、幻想和希望。由于这些青铜礼器主要在大典礼或祭祀时使用，因此要求青铜纹饰严肃庄严，令人望而生畏，从而增强祭祀的气氛，同时也显出奴隶主贵族对祖先、天帝的虔诚，以及奴隶主贵族的"荣贵"和"威严"。

回归世俗

　　物换星移，世异时移。秦汉后，随着传统礼仪制度的崩解、思想潮流的转变，以及社会政治、经济的变迁，作为宗庙重器的青铜器开始走下神坛、走出庙堂，回归世俗、流入民间，由礼崩乐坏走向生活日用化。汉代依然有庄严肃穆的青铜礼器，但已不居于主流地位。随着水器、乐器、杂器等出现，青铜器渐渐朝向生活用具化发展，开始进入人们的日常生活。此后，随着贵族的没落、庶族地主的崛起以及市民文化的繁荣，大型的青铜器几乎不再生产，一些小型的青铜制品如酒器、灯台、货币、铜镜、熏炉、熨斗及饰品纷纷出现，主要用于人们日常生活的饮食、盥洗、装扮、照明等，而且被商贾们在市场上公开叫卖，价格也不算太高。《盐铁论·散不足篇》中"夫一文杯得铜杯十，贾贱而用不殊"即是一例证。由此，作为宗庙重器的青铜器渐渐成为一种兼实用性与艺术性于一体的工艺品，完成了世俗化的嬗变。

　　回归世俗后的青铜器褪去礼巫色彩，走下"神"坛，开始以"人"为中心展开。商周的青铜器庄重、威严，由于承载着"民知神奸""协于上下，以承天休"的功能而被神所遮蔽。而汉代的青铜器不再以追求宗教情结和藏礼于器，一反商周的严肃、神秘、威慑、狞厉的气氛，呈现出欢快明朗的情调，洋溢着一种积极的对世间生活的热爱。青铜器造型回归简朴的形式，逐渐摆脱滞重，向轻盈飘逸的风格转变；其原本颇具宗教和礼制意味的形式日渐图案化、装饰化，不再令人起敬、生畏，而因其金属造型和材料的可塑性，体现出一种特有的形式语言，具有了浓重的造型艺术情趣，成为环境装饰和艺术创作之品。

而在这一世俗化过程中，遗存的古代青铜器渐渐变身为"古玩"。北宋崇尚复古，稽考先秦礼制。宋徽宗大观初年（公元1107年），设置议礼局"诏求天下古器，更制尊、爵、鼎、彝之属"（《宋史·礼志二》），宋代官方大规模仿造青铜器由此开始。由于朝廷"诏求天下古器"，导致全国各地盗掘古墓成风，埋藏地下的商周青铜器的出土日益增多。那些新发现的古青铜器并没有全部进入宫廷，许多都流入民间收藏，青铜器收藏和交易得以合法化，并出现了古物市场。清代自乾嘉时期开始，收藏青铜器成风，仿古青铜器大为流行。因清代皇帝的爱好和官僚文人、金石学家的需求，文人雅士对青铜器的研究、搜集和玩赏渐成风气。他们收藏青铜器，释读金文、训诂读史、书写金文，推动了仿古青铜器的发展。此时的古代青铜器和仿古青铜器，不再具有庙堂重器的威仪，而成了人们收藏把玩的艺术品和装饰品。

中国青铜的艺术风貌

青铜艺术，作为中国古代重要的一种工艺美术形式，是灿烂中华文明的载体之一，它以造型精致新奇、文饰缛丽神秘、铸造技术完美而著称于世。相对于其他艺术形式，青铜器具有更为久远的历史，而就其使用规模、铸造工艺、造型艺术及品种而言，世界上没有一个地方的铜器可以与中国古代铜器相比拟，这使中国青铜器在世界艺术史上占有独特地位。中国青铜器的数量不可胜数，种类繁多，延续时间长，形成了中国历史上的"青铜时代"的辉煌。青铜器历经千年时光，到今天更被人们看作远古时代留下的伟大的艺术品，它不但具有生活实用价值，而且具有审美欣赏的艺术价值，展现出中国青铜艺术的风貌。

丹阳嘉铜的吉金之风

嘉铜之光，吉金永颂。青铜古时称为吉金，铜器多为礼器，是三代礼制的承载物。随着青铜器铸造冶炼技术的发展，商周王公贵族命工匠铸造青铜器，并将铭文刻于其上。作为社稷重器，众多青铜器的铭文记载了当时的重要事件，涉及祭文、诰命、军事、盟誓、赏赐、法律、刑讼等方方面面的内容。人们之所以将这些铭刻在坚固的青铜器上，是深恐其他的材料会腐朽销蚀，不能永久保存。镂之金石，传之久远，由此，我们在一次次发掘出青铜器的同时，也通过其上的铭文解读出一段段尘封的历史，听到来自历史深处的礼乐之声。

青铜器从铸造之初便肩负着记录历史的使命，具有证经补史的功能。西周青铜器"墙盘"，是西周微氏家族中名"墙"者为纪念其先祖而作的青铜盘。墙盘内底部铸刻铭文，颂扬了七世周王的重要政绩，又记述了"墙"所属的微氏家族的家史，是研究西周历史不可多得的重要史料，堪称"青铜化石"。大盂鼎为西周康王时器，清道光初年出土于

大盂鼎

墙盘

子犯和钟

陕西眉县，器物内壁铸铭文二百九十一字，记载康王二十三年在宗周对盂的一次册命：第一段盛赞文武二王的功德，说明商人纵酒是周兴商亡的原因；第二段记述康王命盂接续其祖父的官职，主管军事和诉讼，日夜辅助君主治理国家，并赐给鬯酒、命服、旗帜、车马以及大量的臣民奴隶和土地；第三段康王勉励盂克己奉公，不要辜负信任；最后，盂为了感谢王的册命，称扬王的美德，制作了祭祀祖父南公的宝鼎。而青铜重器"子犯编钟"（又称"子犯和钟"）的主人子犯，本名叫"狐偃"，是人们都很熟悉的谋士。他的妹妹狐姬嫁给了晋献公，之后生了公子重耳，也就是后来的晋文公。这件"子犯编钟"之上所刻的铭文，主要记载了三件大事：子犯辅佐晋公子重耳返回晋国复国，晋、楚两国的"城濮之战"，以及"践土之盟"。中国古代青铜器铭文末尾的"子孙永宝用""子子孙孙永宝用享""永宝用"等常见的结语，其意是希望"先祖之德行、功绩、勋爵、美誉"和器物一样不朽，寄托着一代代人对永恒的追索和对存史的热望。

青铜器之铭文，作为"信史"，有着极高的史料价值，它以记彰功烈、宣扬孝道、赞颂美德，承载起了人们对永恒的渴望和那些亘古不灭的厚重记忆。这种纵贯历史的厚重记忆，正是支撑中华民族几千年来一直能够生生不息和兴旺发达的精神源泉。那凝重的青铜礼器、精美的青铜乐器、寒光四射的兵器，以其独特的器形、精美的纹饰、典雅的铭文，铸就了青铜的史书，彰显出吉金风貌。

钟鼎流韵的金石之气

抟土成人，火炼成金。走出石器时代之后，人类凭借自身的智慧发明了青铜，它是第一个真正代表人类文明的载体。古代青铜艺术即以此为源，在中国夏商周时代，将文明和艺术的辉煌折射在青铜的光芒里，展示出青铜的绝世之美。而汉代的青铜铸造工艺，呈现出的是美丽的吉金余晖。从商周至两汉，这一时期的青铜艺术初步奠定了我国古代造型艺术的基础。此后，历经唐宋明清，青铜艺术在传承、在流变，从庙堂走入民间，从祭器走入民俗，虽然辉煌不再，但精品仍如星光迭出，形成了夸张、浪漫、绮丽的艺术风貌和个性魅力。

青铜艺术以金属为材质，呈现出金石之气。"金石"一词最早见于《墨子·兼爱下》。墨子云："吾非与之并世同时，亲闻其声，见其色也，以其所书于竹帛，镂于金石，琢于盘盂，传遗后世子孙者知之。"此处的"镂于金石"，就是将文字雕刻在金属、石头之上。由此可见，早在东周战国时期，金石便已被作为一种书写记录并试图流传后世的优秀载体，这使青铜艺术具有了"郁郁乎文哉"的"钟鼎"气息。那么什么是"金石气"？现代书画家潘天寿概括为："石鼓、钟彝、汉魏碑刻，有一种雄浑古拙之感，此所谓'金石味'。古人粗豪朴厚，作文写字，自有一种雄悍之气。然此种'金石味'也与制作过程、与时间的磨损有关。金文的朴茂与浇铸有关，魏碑的刚劲与刀刻有关，石鼓、汉隶，斑剥风蚀，苍古之气亦醇。古代的石雕、壁画，也都有这种情况。这些艺术作品，在当时刚刚创作出来的时候，自然是已经很好，而在千百年以后的现在看来，则往往更好。"可见金石气，就是中国传统艺术中一种苍茫、浑厚、朴拙的风貌。

青铜艺术是中国传统的造型艺术之一，它是铜器的铸造工艺、铜器的各种造型及装饰纹样所形成的艺术特色，综合了绘画、雕塑、图案和工艺美术诸多门类而自显风流，延绵至今，辉煌三代，历久弥新，至今仍散发出镂金错彩之美。考古发现的大量战国秦汉金银错青铜器，就有精雕细琢之美。金银错工艺最早始见于商周时代的青铜器，主要用于青铜器的各种器皿、车马器具及兵器等实用器物上的装饰图案。它与繁芜的纹饰以及"锈色可餐"的铜锈一起，为青铜器披上了华美的"外衣"。

洪钟大吕的大器之美

青铜艺术源于铜器，是视觉设计的艺术。中国古代设计艺术主要包括三大门类：一是以建筑布局为主的陈设设计，二是以器物谱系为主的立体设计，三是以纹样发展谱系为主的平面设计。青铜艺术设计正是以器物谱系为主的立体设计之一，并兼具纹样谱系、陈设设计的艺术特点。青铜艺术是早期金属工艺发展的重要标杆，也可以说是中国艺术史发展中上古时代最具体的工艺雕塑代表作。它展现出我国金属工艺史和图案艺术史上的一段繁荣，散发出奇诡神秘、富丽华美的艺术魅力。

一器一形，百器百状。中国青铜器，器类之繁多、造型之奇特、纹饰之繁丽、装饰之神秘，在世界文化史上堪称独树一帜。中国青铜艺术延续千年，历经数个朝代，风格多变：商周青铜器多用饕餮纹饰，形制粗犷，显出雄浑凝重、狞厉威严之美。此后，周室东迁，青铜器形制由粗犷而精巧，饕餮纹逐渐减少，动物纹饰、几何纹饰凸显，整体风格显得精巧、平易、轻盈。战国之后，青铜铸器中广泛使用金银错、鎏金、彩绘、镶嵌、线刻等技巧，华丽精美。由于青铜器在宗教活动中有着辟邪的功能，"以邪制邪"或许是青铜器设计者最基本的指导思想。也由于当时的时代氛围，从总体上看，青铜器呈现出的是一种狞厉之美。这种美体现在超人的历史力量与原始宗教神秘的结合之中，雄浑中夹杂恐怖，奇特中有着怪诞，凝重中渗进威严，想象丰富而又走向神秘，它使青铜器散发出一种庄严、崇高、森严的美学风格。

狞厉之风，绝世之美。青铜艺术，以摄人心魄的威严之美，尽显鬼斧神工之妙，闪烁着古代人们那永恒的智慧之光。中国铜器造型丰富，品种繁多，每一器种在不同时代呈现不同的风采，并且同一时代的同一器种的式样多姿多彩，不同地区的青铜器也有所差异，表现出各自的独特的艺术风格。例如晋北、陕北及内蒙古河套地区，有不少青铜制品不同于中原地区，如用羊首、马首、鹿首之类的动物头像作为装饰就别具一格。这体现了中国青铜文化的多样性。中国青铜艺术，在精神观念上较完整地保持着中国古代社会风貌，而其制作与艺术表现已具有相当成熟的时代特征、铸造技术和艺术风格，总体上呈现出洪钟大吕、铁板铜琶的艺术面貌。

中国青铜的技术品性

　　"刑范正，金锡美，工冶巧，火齐得。"（《荀子·强国》）制作工艺的精巧绝伦，是中国青铜艺术的又一个突出特征，它显示出古代民间艺术家巧夺天工的技术能力。中国传统金属冶铸技术的进步，促进了青铜器的发展，使青铜艺术呈现出不同于其他工艺艺术和国外青铜艺术的特点，这是中国青铜艺术的技术特征，这是点石成金之火。

合金品质

铜器是最初的金属工具，而最早的铜器是以纯铜铸造的。从齐家文化到二里头文化期间，中国铜器中有小件装饰品、武器和少量生产工具发现，大部分是红铜，只有铜镜和少量的刀是青铜。此时，铜器以红铜为主要材料，而由冶炼红铜到冶炼青铜，历时七百多年，然后才跨入青铜时期。青铜是金属中最早的合金。我国现存最早的铜器，是青铜工艺相当成熟的商代时期的产物。对这一时期青铜器部分标本分析的结果显示，这一时期的青铜器主要为铜锡合金，锡的比例大致为 5% 至 20%。青铜合金与纯铜相比，硬度更高、韧性更好，并且有明亮的光泽。青铜合金的熔点也较低。例如，当锡含量达至 20% 时，青铜合金熔点可降到 900℃ 左右，比纯铜熔点（1083℃）低近 200℃，因而更便于熔炼铸造，而青铜合金中铜锡比例的变化，将带来合金的物理、化学性能等多方面的变化。

春秋时期以后，社会生产力得到进一步发展，在生产实践的基础上，出现了总结工艺规范的文献——《考工记》，其中对于青铜冶炼、铸造过程的合金配比有了"金有六齐"的精要总结："金有六齐，六分其金而锡居一，谓之钟鼎之齐；五分其金而锡居一，谓之斧斤之齐；四分其金而锡居一，谓之戈戟之齐；三分其金而锡居一，谓之大刃之齐；五分其金而锡居二，谓之削杀矢之齐；金锡半，谓之鉴燧之齐。"这里为钟鼎、斧斤、戈戟、大刃、削杀矢、鉴燧多类青铜器规定了铜与锡的合金配比，说明先民们已经在归纳的基础上认识到了合金配比对不同器物性能的影响。另外，在对商代青铜器成分的分析中发现，部分青铜器中添加了一定比例的铅，甚至存在用铅完全代替了锡的情况。从工艺角度分析，铜锡合金加入极少量的铅，在铸造花纹时，可以达到花纹清晰、减少气孔的良好效果。由上可见，加锡或加铅，其意义不仅在于降低熔点，更重要的是可以实现对合金的硬度的不同要求，而且加铅于铜可以使铜液在灌铸时流畅性更好。这就是说，钟鼎一类器物需要有辉煌的色泽效果，斧斤一类工具需要坚韧，鉴燧一类用品需要光洁，因此其中铜锡的比例均不同。在春秋晚期和战国时代的青铜兵器中，还出现了复合金属熔铸、复合金属嵌铸和铜铁合铸件。如由于战争频繁，兵器铸造得到了迅速发展，特别是吴、越的宝剑，异常锋利，名闻天下。有的宝剑虽已在地下埋藏两千多年，但仍然可以切开成摞的纸张。当时也出现了一些著名的铸剑的匠师，如干将、欧冶子等人。

汉代，随着冶铁技术的进步，铁制工具在社会生产各领域广泛使用，渐渐取代了青铜合金工具的地位。但铜作为一种金属材质仍在汉唐之后广为运用，在中国艺术史上发出铮铮之音。中国铜器采用青铜合金铸造，使青铜艺术与青铜材料一样，持久永恒，光芒永驻。

冶铸风范

飞火流金，璀璨青铜。中国青铜器在铸造工艺方面有自己的独特传统，有合范法，也有失蜡法，只是合范法在商代与西周春秋时期大量使用而已。中国青铜器工艺的冶铸方法与青铜器的造型及装饰方法密切相关。中国青铜器都是铸成的，不是敲击或剜凿成的，其铸造方式是把原料放在熔炉内经高温熔化成液体，然后倒入模型中，待温度下降后，铜液在模型中就凝成了人所要求的器物，拆除范便得到了成品。青铜器的范有两种：外范在翻铸时形成铜器器形的外面；内范在翻铸时形成铜器器形的内面，外范和内范拼合在一起时，内外之间空隙部分留待铜液填充而形成所要制作的铜器。因而，范上的凸凹和左右与实际器物上的凸凹和左右应恰恰相反。而制范所用的"模"，就是模仿实际的铜器的形状，为制范的坯型。

古时铸造青铜器要经过制模、翻范、浇铸、修整等工序，在完成上述程序后即可获得一件铜器，此为浑铸法。但有些铜器造型奇特，如四羊方尊的肩部有四只形象生动的羊头，用浑铸法不能铸成。于是工匠们用分铸法，先铸出附件（羊头），再在铸造器身时将它们铸接在一起；也有的是先铸器身，再将附件与器身铸接在一起。这种分铸技术在商代已被工匠们熟练地掌握，所以铸造出许多精美、奇特的铜器。泥范分铸方法的应用，

四羊方尊

开创了与古代西方不同的、具有中国特色的范铸技术。随后发展出来的失蜡法工艺技术，无疑是青铜铸造工艺的一大进步。失蜡法是翻铸结构较复杂或镂空的装饰的方法：内用蜡模，外加湿柔陶泥涂墁，干后自然成为范，然后焙烧使蜡熔解流出，遗留之空隙用浇铸之铜液填充即成型。国外铸造青铜器也用失蜡法，特别是印度用此法制作出很细巧的东西。失蜡法的范可以用几次，生产一批形状花纹完全一样的青铜制品来。

随着铸造技术的提高，青铜器的造型发生了改变，这是技术促使艺术表现多样化的结果。西周的青铜器以鼎和编钟等礼器、乐器为代表，在制作技术上有了很大提高，可以由母范翻出不同子范，并采用焊接法，在器具的把手、纽、扉、棱等附件部分进行造型，形成了主体凝重、附件灵动的风格。春秋中期以后，青铜器的等级、财富意义仍被强化，而仪式、宗教功能却在减弱。人们因过分追求青铜器本身的华丽而形成装饰崇拜，对装饰技术的过度追求是促进失蜡法技术产生的原因之一。失蜡铸造的技术，已能成功地铸造出泥范无法铸出的最精密复杂的器件。如湖北随县曾侯乙墓出土的编钟运用了浑铸、分铸、浑分合铸、铆接、焊接等技术，并充分运用失蜡法工艺，在铸钟之前还预先用"三分损益法"进行钟模的调律。这些技术发展经过了长期的知识积累已不仅仅是一个铸造技术问题，还涉及复杂的声律学知识。丰富的铸造工艺，使铜器有着巧妙的工艺水平和极高的艺术价值。

中国铜器还往往根据铸造工艺的特点，因地制宜形成自己的特色。如：合范法使青铜器的制作有其特殊性，如一套陶范在青铜器浇铸成型后就要拆碎，不再重复使用，因而每铸造一件青铜器等于一次新的创造。虽然有一些青铜器看来外观相似，但细察仍有差别存在。这显然使青铜器铸造颇具个性风格，并有了更大的创造性。又如，青铜器上装饰面的分割和陶范的分块有着密切的关联。殷代铜器上往往有突出的觚棱，就是人们主动利用陶范拼合时有不能完全密合的缺点而产生的。而且每一块陶范上的花纹各自形成一个完整单位，以避免两范拼合时花纹相错，从而取得对称或重复连续花纹的效果。而西周以后，青铜器花纹粗犷单纯，和器壁变薄有关。战国时代更充分利用了捺印花纹的简便方法，产生了繁复的图案。古代青铜器的铸造方法与造型及装饰方法有着密切的联系，这是中国工艺美术中艺术与技术相结合的传统，使青铜艺术呈现出"火与金"的风貌。

科技光华

"天有时，地有气，材有美，工有巧。合此四者，然后可以为良。"

"凡攻木之工七，攻金之工六，攻皮之工五，设色之工五，刮摩之工五，抟埴之工二。"（《周礼·冬官考工记》）这些都是对工艺技术的精彩诠释。技术作为物质生产的手段，是与社会生产实践同时产生的。它是人类对自然界有目的性的变革，反映了人对自然的能动关系。这种变革首先受到自然规律的制约，同时受到社会的控制和调节，从而成为社会生产活动的重要一环。在工艺劳动中，人类的生产技能和艺术创造是融合在一起的，因而，青铜器艺术发展的过程与同时期的冶金铸造技术的发展密不可分。

青铜时代采矿和冶炼金属技术的广泛应用，从一方面反映了当时社会的生产力水准的提高。时代在更进，青铜工艺也随之而发展。青铜材料本身的可塑性与制作效果的自然变化向人们尽显材料美、光泽美与肌理美，形成了金属艺术鲜明而具时代感的审美特征。工艺发展无限，呈现铸锻之美——这就是青铜艺术的技术特征。比如，春秋战国时开始出现铁器，铁器的坚硬和锋利远远胜过铜器，它可以在铜器上刻画花纹，并嵌入红铜丝或银丝，这就产生了错金错银工艺。青铜器镶嵌法很早就出现了，这是在青铜器上镶嵌其他材质以增加青铜器色彩多样性的技术，使得青铜器在工艺上更加精绝。此时镶嵌的材料，第一种是绿松石，这种绿色的宝石至今仍应用在首饰上；第二种是玉，有玉援戈、玉叶的矛、玉刃的斧钺等；第三种是陨铁，如铁刃铜钺、铁援铜刃，经鉴定，其铁刃均为陨铁；第四种是嵌红铜，如用红铜来组成兽形花纹。春秋战国时也有用金、银来镶嵌装饰的青铜器，使铜器异常华丽。由于失蜡法铸造以及焊接、镶嵌等方面冶铸制造技艺的精进，当时的人们才得以生产出曾侯乙尊盘等杰作，楚人的浪漫激情与飞扬的想象力得以附丽于各种青铜器而传之于世。

我国古代早就存在"技艺相通"的观点。《说文》中称："技，巧也，从手，支声。"庄子在《天地篇》中说："能有所艺者，技也。"技艺一词，不仅指工匠的技能，也指艺术活动的技巧。古代的技术通常主要表现为手工的技术及个人的技术，是人的手艺、技巧、技艺和技能的总称。青铜艺术就是技艺之一，因技术与艺术相结合，成了科学技术和文化艺术相结合的交叉地带。历史上每一次科学技术的重大变革，都会引起设计观念的变化，并推动设计文化的发展。日本学者竹内敏雄说："一般意义上的技术同人类历史一道自古以来就存在着，古代的手工业也好，现代的工程技术也好，都包括在内。"技术和艺术就是一对这样的概念，它们所涵盖的内容随历史的发展而变化。青铜艺术设计即是如此，它是与青铜冶炼技术共生同兴的传统精良工艺，是巧夺天工之作。

曾侯乙尊盘　　*021*

第 二 章

中国青铜艺术源流

一 古代中国青铜艺术发源

对青铜器物的研究，郭沫若曾用铜器形象学的考古方法研究了西周彝器，确定了判断时代的标准，把中国青铜器时代划分为滥觞期、勃古期、开放期、新式期四个时期，以殷、周、春秋、战国的时代为经，以青铜器的形态、纹饰、铭辞为纬，就青铜器进化过程与时代的共同特征，考察其演变之迹。今天，我们就此对中国青铜文化史进行简要勾勒和梳理，以厘定青铜艺术史的"坐标"。

从石器时代到青铜时代

根据出土文物来看，中国商代以前便已经有了青铜器，其出现应随石器、陶器而来。原始社会石器制作，是将便于手持的石块加工出刃或尖等形状，制作成可供使用的生产工具。陶器制作约出现在新石器时代，主要有彩陶、黑陶，同时还出现了以动物为造型的陶器。北京周口店山顶洞人遗址中，曾发现过磨制精致的骨针，说明当时人们已能将兽皮、树叶等缝制成简单的服装；而出土的大小一致的白色小石珠、黄绿色卵圆扁平穿孔的砾石和贝壳等，可能是用于装饰的。此外，在各地新石器时代遗址中，还发现有大量用玉或玛瑙等材料制成的璜、璧、管、珠等装饰品，有的表面上刻有动物或几何图形的纹样。从原始的石器制作来看，当时的人类已逐渐感觉和把握了一些规律性的东西，如对形体、造型和设计的认识——这些便是孕育着青铜艺术的母胚。

据现代考古证明，距今4000—4500年的龙山时代，相当于传说中的尧舜禹时代已经发现了青铜制品。原始社会晚期，人们在寻找石料和玉石的过程中，发现了天然的铜——红铜。同时，人们以"窑炉"烧陶时，发现在高温下矿石中的金属亦可熔解，于是把青铜、锡、铅等金属放在一起熔烧，制成了青铜器。那时的青铜器种类少，多属于日常工具如刀、锥、钻、环装饰品等，大多数是朴实无华的。之后，人类又发明了冶铸青铜，石器时代终于被青铜时代所代替。青铜的发现，拉开了青铜时代的帷幕，意味着人类生活进入了一个新的发展阶段。"青铜时代"这一概念，由丹麦学者汤姆森首次提出，是对人类发明和制作青铜器并用于生产和生活后，使整个社会生活面貌发生了质的变化的概括称呼。这是按照人类使用生产工具的发展阶段而划分的时代，青铜时代介于最早的石器时代和较晚的铁器时代之间，在中国主要为夏、商、西周、春秋时期。从石器时代走进青铜时代，一星铜火洞穿人类的蛮荒，开启文明之光。

从夏始发轫到商初滥觞

从夏铸九鼎的传说来看，夏朝的铜器制造应当已颇有发展。《墨子·耕柱》篇说夏后启："使蜚廉折金于山川，而陶铸之于昆吾。"《左传·宣公三年》云："昔夏之方有德也，远方图物，贡金九牧，铸鼎象物。"而从黄河流域中原二里头文化和其上游齐家文化为代表的最早面世的青铜器来看，青铜艺术之发轫距今已有四千多年的历史。虽然至今还没有发现夏代的铜鼎，但已经发现了不少其他种类的铜器，其中二里头遗址的铜爵就有相当高的铸造工艺水平。从考古资料可知，在二里头夏遗址即发现青铜器，同时出土了爵、镶嵌绿松石兽面的铜牌饰铃、镞、小刀等小型器具。这些青铜器，没有纹饰、器小体薄、形制复杂，具有明显的早期青铜器特征。

至商代早期，青铜器的发现是以酒器为主，青铜农具、工具都有所发现，同时青铜兵器的种类大多俱全。和二里头发现的青铜器不同，商代前期青铜器类虽较简单，但已经普遍形成爵、觚、斝三者成套的酒器组合，表明青铜礼器的体制已初步形成。器物具有独特的造型，在视觉上有不平衡感。器壁很薄，纹饰主体已是兽面纹，图样粗率，为粗犷的线条平雕而成，器制粗陋，带铭文者虽曾发现，但是罕见。中国从夏代开始便进入阶级社会，而象征国家政治权势和军权、神权的青铜制造业，完全为贵族所垄断，这些青铜器的制造均是以贵族的意志、需要和审美意愿为依归，形象多狰狞可怖——中国青铜艺术就此发端。

古代中国青铜艺术繁盛

　　商周时期，冶炼铸造技术有着突飞猛进的发展，并应用广泛，青铜器由此兴盛，其中西周青铜器尤以制作精美而闻名。至春秋战国时期，新的青铜制作工艺相继出现，铸镶法、嵌错法、鎏金、刻镂、锻打、铆接等得到了空前的发展。尤其是春秋中晚期失蜡法的出现，使青铜艺术迈向了一个全新的境界，种类繁多，造型美观，图纹翻新，艺术风格丰富多彩。

从鼎迁于商到商周鼎盛

商代迁都殷（今河南安阳）后，青铜工艺达至鼎盛，出现大批制作精美、系列不同的青铜器，其造型和纹饰在工艺美术史上具有典范意义。商朝以光辉灿烂的青铜铸造业著称于世，历年出土的商朝青铜器有数千件之多，铜器造型古朴奇特，厚重雄浑，纹饰繁缛，为商朝文明的象征。晚商时代的青铜铸造可分为两个阶段：康丁以前的阶段，铜器多方形，如方鼎、方彝、方尊等，其棱角和中线处常以扉棱为装饰来增强器物的庄严和雄伟；武乙以后的阶段，器物形制发生不少变化，如鼎足由原先的圆柱形变为中间略细的蹄足形，爵由平底变为深腹圆底等。商代后期和西周前期，器物造型丰富，较多变化，呈现出厚重、威严的气概；纹饰种类繁多，多为表现神权思想的兽面纹、夔龙纹、各种动物纹，非写实而富有象征意味。此类纹饰繁密，兽面双目明显突出，并采用左右的动物抽象纹。最复杂的纹饰除主纹外还有抽象的鸟纹及其他纹饰，如龙纹、蝉纹作为陪饰。有的还在两侧的鸟纹上陪饰一小兽。如此构成了全部器物的兽面纹，图案庄严。这种风格在后代的青铜器上表现一直较为突出。商代虽有铭文出现，可是字数甚少，内容多是记载商王的征战功绩和物品的赏赐。进入西周后的青铜器普遍铸有记事的长篇铭文，延续了商末铸器记事的习惯，字体有着甲骨文的风格。

而至西周中期，青铜器即形成独特的造型系列，创造了富于时代特征的多种纹饰，在装饰手法上注意到主从关系和虚实变化。器物体积感最强的部位大多以饕餮纹为主，流行的纹饰主要有兽面纹、夔纹、鸟纹等，构成大面积的装饰面，而在次要部位则装饰有彼此呼应的装饰带。西周中期到春秋前期，青铜器风格趋向简朴，纹饰多为粗线条的窃曲纹、重环纹等几何纹，简化平易，由具象向抽象发展；同时长篇铭文增多，达到了巅峰。此一时期，青铜器的造型和纹饰都比较简朴，并趋向定型化；青铜器群的组合从以酒为中心到让位于以食器为中心，渐渐由以觚、爵为核心的"重酒组合"向以鼎、簋为主的"重食组合"发展；生产工具数量增多，青铜礼器的品类也大大增加。此一时期突出的特点是"变异", 形制纹饰复杂, 少了几分威严, 多了几分亲切, 总体呈现出返璞归真的风格, 已脱去原始风味及神话传统, 而有着自由奔放的精神。

从春秋中兴到列国之器

春秋时期青铜器是对西周后期风格的自然延续, 但与西周最大的不同是: 西周绝大部分为王臣之器, 现存的春秋青铜器都为列国之器。此一时期, 王室地位式微, 列国国君及其追随者需要众多的青铜器来炫耀自己的宗庙和室家, 借以提高自己的地位与身份。由此, 青铜艺术呈现出奇花怒放的局面。此一时期的青铜器, 在器群组合上, 由"重食组合"演变为"钟鸣鼎食"的组合, 显示出当时各国诸侯意气骄横、争王称霸、竞逐奢华之风。由此, 青铜器制发生了大变化: 青铜器数量大增, 异形器种类繁多, 有的器类如鬲已绝迹, 有的形体大为改观, 并有新的器物出现, 如出现了带盖的豆、盆、罐等, 铜镜开始盛行, 开始铸造货币, 并且肖形的器具写实程度增强, 从而呈现出轻灵、平易之风。此一时期的青铜纹饰, 饕餮纹少见, 多活泼的动物纹和复杂细密的蟠螭纹、云纹等, 也有不少用细线雕刻狩猎、攻战、宴乐等反映现实社会活动的画面, 或用金银、红铜、玉石等镶嵌出的种种图案或画像, 并且雕塑或半雕塑的纹饰增多, 怪诞动物大为减少, 呈现出活泼、生动之气。此时冶铁业开始发展并逐渐取代了青铜的地位, 但青铜仍在生活用杂器和雕刻饰物等方面发挥作用, 同时, 青铜器物已逐渐摆脱了宗教神秘气氛, 走向平民化。

春秋晚期出现了总结百工技艺的专著《考工记》, 内容包括论述百工的社会地位与分工、工艺思想、城市、宫殿、器物制度、技艺经验等诸多方面, 其所记述的当时主要手工业部门分工共有攻木、攻金、攻皮、设色、刮摩、抟埴 6 部分 30 个工种, 这也从侧面反映了当时青铜工艺之成熟。春秋早期青铜工艺沿袭西周风格, 春秋中期到战国中期, 出现重要变化, 成为青铜器艺术发展的第二个高峰时期。此一时期, 由于生产技术提高, 青铜器工艺又有了新的发展, 由以前的浑铸发展到分铸，丰富了器体造型。后来又发明了失蜡法，这是用蜡制成模型后注入青铜熔液，蜡被熔化流出后空处即为器形及花纹的金属铸造方法。此法可制造出复杂及镂空的器物，简便、精确，器物光滑不用打磨，为青铜纹饰的发展提供了工艺条件。而装饰手法的创新和新纹饰的产生有着密切关系，错金银和嵌异色金属技艺的流行，不仅产生多色彩的装饰效果，而且促成狩猎纹等新纹饰的产生，出现了一批新奇清秀的器型。这些器物做工精雕细镂、玲珑剔透、瑰丽典重，异常典雅辉煌。而战国中期以后，素面铜器逐渐流行，突出了青铜的质材和造型设计之美。

中国春秋、战国时代工艺美术创作的特征，自春秋中期以后开始形成，到战国时期达于成熟。其审美表现是推崇精巧富丽的繁饰之美。此时在制作目的上实用功能已居于主要地位，商周青铜的狞厉色彩已经褪去而更趋于装饰趣味。由于社会生产力的发展、社会思想的空前活跃、人的价值的提高，青铜工艺美术突破礼制的局限，显示出前所未有的活泼、自由的创作倾向。

古代中国青铜艺术演变

大约至秦统一天下后，中国社会便转入铁器时代，铁器广泛应用于生活、生产、武器制造。青铜器不如铁器便利，使用越来越少，逐渐退出了人们的视野，只是在一些宗庙中铸造了一些青铜礼器作为祭祀的器具使用。这是中国青铜时代的终结，但青铜艺术并未终结，仍在流变发展，材质由单一的青铜发展到紫铜、黄铜、白铜，器物也向着日常用品发展，渐渐走向世俗化、生活化。

从战国延脉到秦汉衰落

战国后期，青铜器的铸作向实用化发展，器类相对减少，青铜礼器减少，器物的装饰逐渐退化，多为表面上朴素无纹的素器，并渐渐被新的艺术形式取而代之。秦汉是中央集权的封建国家，许多重大的社会活动和工程建设，都由中央出面组织，如统一文字、货币、度量衡，修筑长城、宫殿和陵墓等。这种集权政治制度，反映在工艺美术上则是它的统一性和巨大性，追求浩大气势。在铜器工艺方面，秦汉时期的铜器工艺生产是一个重要的部门，成就卓著。秦汉青铜雕塑较前代有重大突破，大型独立性圆雕层出不穷，雕塑语言简洁畅达，风格质朴大方，生动传神。秦始皇陵兵马俑坑出土的鎏金铜车马形体硕大，设计比例极为精确，集中了青铜器各种铸造技术，以制作精良著称于世。

到了汉代，青铜器在技术上没有太多创新，汉代的青铜器错金银器和战国的技术基本相同。但是值得一提的是，青铜器加工的工艺自有其特点。如西汉中山王刘胜夫妇墓出土的青铜器，其金银错的技巧和战国时期比较，在处理线条和图案造型上更为流畅和生动。汉代铜器已向日用器皿发展，其特点是出现了一些新品种，产量较大的是灯、炉、奁、壶、洗、镜等。此时青铜器的特点是比以前轻薄，其中工艺及图案设计最大的成就当数铜镜，由于铜镜需求量大而造成了铸镜业的繁荣。青铜器物从礼器走向实用，反映了中国古代青铜器由钟鸣鼎食之府飞入寻常百姓家的历史走向。

从大唐嬗变到明清流俗

汉唐之后，因为传统的礼仪制度随着社会的变革而土崩瓦解，而铁器的广泛使用，更使古代青铜器艺术在社会生活中的地位逐渐衰落。此后的青铜器主要以日常生活用品为主。例如，汉镜铸造技术为后代所继承，到了唐代更有新的成就，初唐和盛唐铜镜铸造可以说已登峰造极。南北朝之后，佛教的发展使青铜铸造有了极大的发展，青铜铸造常以佛像为造型，尤其鎏金佛像铸造极为普遍，历经隋唐宋元明清代，仍然有大量铸造金佛像出现。明清铜玩以光素无华者居多，这是为了以静美表现铜质的幽雅。装饰工艺则以华美精致取胜，在铜器上施以鎏金、嵌金、洒金、烧蓝、嵌丝、掐丝珐琅等不同的装饰工艺，同时因配料成分不同，铜器往往呈现出从金黄到银白的各种不同颜色。汉唐之后，铜器中虽然也不乏优秀的艺术品，但总的来说，古典青铜艺术在汉以后就基本上式微了，而转向生活化、世俗化。

　　从寒山寺钟声的轻灵悠远到唐代观音造像的形神兼备、开阔恢宏，从宋代的幽雅含蕴到元代的粗犷豪放，从明代的敦厚明快到清代的富丽纤巧，中国青铜艺术的发展一脉相承。这里有秦汉的风骨、唐宋的神韵、明清的精巧。可以说，唐诗汉赋、宋元山水绘画，乃至明清时期的小说、戏曲中的审美对象，都在一件件青铜器物上得到了另一种体现。在中国青铜艺术的历史长河中，青铜制品五光十色，制作工艺流光溢彩，既有权力象征的各种铜鼎重器，也有尊、觥、觚、钟等各种宫廷礼器、祭器、酒器、盛器，还有铜镜、铜币、铜佛像等生活用品、陈设品、工艺品；其造型及纹饰遍及龙、虎、牛、马、羊、鹿、象、人、鸟等各种形态，品种之多，灿如繁星。世界各文明古国都经历过青铜时代，唯有古代中国赋予青铜器以重要的社会意义、深厚的精神内涵，以及高度完美的艺术形式。

当代中国青铜艺术发展

　　清末民初，中国传统的宗教雕塑开始衰落，民间艺人的小型雕塑虽很繁荣但未能成为主流。此时，一批美术青年开始赴法国、苏联、日本、比利时等国学习雕塑，归国后进行雕塑创作和艺术教育。经过几代人的努力，中国当代雕塑艺术渐趋成熟。之后，随着改革开放的全面展开，中国大地上掀起了一场"城市雕塑运动"，让中国的城市雕塑快速发展起来，出现了一大批题材广泛、风格多样、内涵丰富、艺术精湛的城市雕塑。同时，一些艺术家专注于架上雕塑，推出了一些优秀作品。作为传统造型艺术之一，中国青铜艺术在这样的大背景下，既承续青铜余响，又受到西方雕塑影响，题材从器物走向人物，创作风格从象征走向写实，焕发新的气象。而从场域视野来看，当下的青铜艺术主要有两个走向：一是从社稷庙堂走向公共广场，二是从香火神坛走向架上艺术。

刘开渠《农工之家》　　　　　潘鹤《拓荒牛》

从社稷庙堂走向公共广场

　　提到 20 世纪的中国雕塑，刘开渠是绕不过的名字。他是最早留法的艺术家之一，精于西方写实雕塑技法，又注重继承中国古代雕塑的优秀传统。作品造型严谨朴实，手法细腻含蓄，人物神完气足，具有时代精神和民族风格。中国青铜艺术中少有人物雕塑，少见的人物形象或多或少都与宗教、巫术的神秘性密切相关。刘开渠将雕塑从宗教模式中解放出来，解放到大时代的洪流中，从神转向人。浮雕《农工之家》就用宏大场面表达普通工农的生活，是中国美术史上第一次用雕塑形式展示工农的生活之作；而铜雕《鲁迅》即以铮铮之铜塑鲁迅先生的风骨。他是新中国城市雕塑的开创者，创作了中国首座抗战纪念碑《淞沪抗日阵亡将士纪念碑》，并创作了《王铭章将军骑马像》《川军出征抗战阵亡将士纪念碑》等，以新的艺术形式立起"民族之碑"。

　　随着青铜从庙堂走入广场，青铜艺术具有的礼仪性审美意义，与城市雕塑与生俱来的纪念性相结合，成了当下精神的视觉表达。纪念性雕塑在整个雕塑发展史中起着举足轻重的作用，尤其在城市公共环境中，大量纪念碑建筑与公共雕塑以历史人物或重大历史事件为题材，成了精神的象征、仪规的符号，如刘开渠的《淞沪抗日阵亡将士纪念碑》。随着时代的变迁，一些雕塑不同于过去的纪念碑形式那样让人仰望，而是变为一个与地域文化息息相关的作品。如立于深圳市委大院大门口的青铜雕塑《拓荒牛》为著名雕塑家潘鹤创作：一牛正将身后的巨大的树根拉出地面，树根盘根错节；牛勾头蹬腿，筋肉暴起，浑身使力，已将树根拉出了一大半。这头拓荒牛就是代表深圳精神的标志性雕塑，它象征着改革开放后深圳无数"拓荒牛"凭着吃苦耐劳、勇往直前的精神，意气风发，不畏困难，埋头苦干拔"穷根"，终于使深圳从一个小渔村发展成为国际化大都市。而今，走进广场的青铜雕塑正从纪念性走向亲民性，成为市民参与互动的公共作品。

从香火神坛走向架上艺术

从神坛走向架上，青铜雕塑完成了从神像到人像的转变。20 世纪20—40 年代，我国架上雕塑初现，在各种展览会上出现了较多的肖像作品，也有抒情性的作品与少量的浮雕，如早期留学美国、英国，攻雕塑与油画的李铁夫，与梁竹亭、陈锡钧都作过孙中山像。我国著名的架上雕塑代表作——铸铜雕塑《艰苦岁月》，由著名雕塑家潘鹤创作。作品以写实的手法塑造人物，将两位红军战士一个吹笛一个聆听的形象刻画得栩栩如生：老战士的面孔上皱纹深刻，可见他饱经长期战斗生活的风霜，一双粗大的手和一身破旧的军装，虽然精瘦却显得十分有力的筋骨，都显示出老革命者的不平凡的生活；少年倚在老战士的身边，那信赖而亲密的姿势、仰首远眺的动作、入神倾听的神态，仿佛进入了一种美好的遐思，刻画出一个年轻的革命战士对于美好未来的向往。雕塑家通过一老一少的年龄对比、沉着老练和天真幼稚的性格对比、吹笛动态和聆听静态的情绪对比，生动表现出老少红军乐观向上的精彩瞬间，塑造出艰苦环境中优美而崇高的红军战士形象。这种从神到人的转变就是走向现实。

青铜雕塑从神坛走向架上，是从"礼器"文化中突围，走向个人精神与审美的自由。所谓"架上雕塑"并非严格意义上的学术概念，通常

是指不依附于特定空间的中小型雕塑。虽得名于在"轴架"上制作，但更多是指一个雕塑家自我创作需要的产物，是个体纯然艺术观念的传达。这些"架上雕塑"是独立的、可以移动的，它不依附于公共空间、建筑墙面及其他物体而存在，蕴含着创作者的思想、观念和价值观，体现了创作者的艺术修养。雕塑家在创作中个人探索性较强、创作风格较明显、审美旨趣更浓厚。架上雕塑跟装饰有着密切的联系，架上雕塑一直作为装饰领域中的装饰品而存在。而且在人民生活水平越来越高的今天，架上雕塑的运用已是越来越多，重要性也越来越强。如郑东平创作的《东瓶西镜》，曾入选安徽省首届工艺美术展，荣登上海世博会安徽馆。作品以古徽州民居客厅"东边摆瓶，西边设镜"的传统为设计源泉，镂空透雕并辅以山水浮雕图案装饰，造型典雅，制作精美。架上雕塑偏向个性化和生活化，更适合被艺术爱好者购买和收藏，其走进百姓家已渐成趋势。

第 三 章

中国青铜艺术美学特征

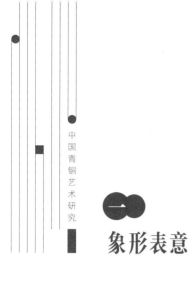

一

象形表意

中国人自史前时代开始就有了"象思维"，其以形象中心主义为特征，具有非实体性和原发创生性的特点，并以此区别于西方传统思维的逻辑中心主义。它具有天然的艺术与审美特性，从根本上决定了中国人审美心理的思维定式，并衍生出"制器尚象"的中国传统器物设计的基本理念。中国青铜艺术就是基于这种"象思维"制作器物的，虽然青铜器造型丰富，品相繁多，面貌各异，但均"以器盛道"，在传统空间形制中实现了"意与象"的统一，形成了中国青铜艺术的美学特征，并影响着中国造型艺术的面貌。

制器尚象

"古者，包牺氏之王天下也，仰则观象于天，俯则观法于地，观鸟兽之文与地之宜，近取诸身，远取诸物，于是始作八卦，以通神明之德，以类万物之情。"（《周易·系辞下》）古人体会天地间所蕴含的物象、性象、意象、道象，然后在器物中把所取之象表达出来，这即是在天成象、在地成形的"造物"过程。其中，"象"统指天地间万物之形象及其物性，"器"本指器皿，又引申为各类器械，包括器皿、工具、武器、车船等。"制器尚象"，就是制器者观物之象，触类旁通，造器为用。这首先表现在器物的造型上，一些出土的青铜文物造型往往是对外界物象的各种模拟，如商周的青铜犀尊、鸮尊，汉代的长信宫灯、铜奔马，就是通过模拟万物来造型。其次，人们可通过经验进行想象，并将这些想象具体化，变成能被看见和被触摸的实体，以意成象。比如，在商周青铜艺术中，最有魅力的形象是那些具象的却凭想象构成的形象，有饕餮、夔龙、夔凤等。如饕餮形象就有多种动物形象成分，似虎非虎，似牛非牛，似人非人，有着表意的功能。又如宋代医官王惟一在长期的工作中通过总结和创新，发明了针灸铜人这样的教学模具。一些非现实性想象的艺术造型就是综合许多形象的特征构成的，而无论多么抽象的命题，中国人总是能够用具象予以表述，把极纯粹的抽象的范畴用图形、具象事物之象来象征和比喻。此外，除功用外，制器在器形、文饰、色彩上亦比拟物象，寄托寓意，以比象申明其义。一切器物表象背后都有着"道"的显现，是高度抽象化的"以器载道"，是从人的精神本质中得来的抽象之物。这种"象思维"的思维特征，在艺术领域表现最为明显，造型艺术如此，诗歌、乐曲等非造型艺术也是如此，由此造就了中国传统艺术的特征，使中国青铜艺术具有了"拟容取心、象其物宜"意象化的艺术风韵。

取象表意

"制器尚象"是审美经验的直观概括和形象隐喻，构成了象形取意的审美范畴。这就决定了青铜器艺术"程式与装饰"的两个特征：程式特征在很大程度上是为了表达意义的需要，而装饰特征也是以取象表意来表达意义的。青铜艺术造型的目的是表达意义，它不严格遵循真实图像，而是按照一定的造型规则对图像进行图案化，一些非自然的神化图像也采用这种方式成象。这些艺术形象的产生在很大程度上继承了彩陶时代的装饰内容，这些图案根据几何、简单和夸张的规则组合而成，呈现出具体和抽象的特征。这些青铜装饰图案由独立元素构成，大致可分为抽象图案和具体图案。具体图案可分为自然形象和神化形象。自然形象主要是羊、牛、猪、象、蝉等，神化意象主要是人为的具体意象，如饕餮、龙、凤等；抽象图案主要是几何图案，如乳钉纹、弦纹、云雷纹、涡纹等。这些装饰元素按照一定的组合规则，一个接一个地构成了青铜艺术的整体氛围。青铜器纹样中的现实动物纹样也像那些非现实纹样一样充满了象征色彩，因为中国青铜器的纹样毕竟不是写实艺术，它们是根据理想的图像创建出来的。这些理想的形象应该具有神力，满足宗教思想的需要，其造型不是追求写实的，而是追求意义。这是对形象概念的抽象思考，是具体的抽象概念。它具有省略特定部位、夸大主要特征、突出风格的装饰味道，使青铜器抽象、规则，具有象征意义。青铜艺术的"铸鼎象形，百物为之备"的象形表意特征，是中国艺术创作的重要美学原则之一。

天人合一

　　"天人合一"思想是深藏于中国古代灿烂辉煌艺术现象之后的人文精神，它确立了人与自然相互尊重、和谐相处的思想理念，在艺术上强调的是相融而不是对立，是顺应而不是征服，是升华而不是再现。它使中国艺术超越了客体层面，闪烁着人文的气质、哲人的智慧，从而确立了中国艺术的美学境界。青铜艺术也是如此，从恢宏的造型到精美的纹饰，无不蕴含着"天人合一"的熠熠之光。

敬天承运

早期的"天人合一"是和神话、宗教、历史三者相关的，是和宗教神学世界观相关的，是以"神""道"为本体的审美范畴。这种具有本原意义的"道"观念，从氏族社会流传下来，并与在当时人们思想观念中起重要作用的神话原型有着同源共生的转换关系。神道观念与"敬鬼神"的宗教信仰相通，"道"与"神"是互相转化的宇宙本体，而中间有一个中介——这就是"天"与"人"的同一。无论夏代还是商代，人们把握不了各种自然现象，便以"神""鬼"名之，故而，"尊神""事鬼"是当时政治生活的主要内容，这个时代也因而成为一个巫史交织的时代。中国古代青铜艺术，在巫史交织的特定文化氛围中孕育，并承载着这种"天人合一"的中国文化基本精神。先秦时期的青铜彝器是宗教仪式中不可或缺的器物，它体现神的升腾与降落，警示着神秘的恐惧力量，是沟通人间与天上、人与神的"桥梁"。人们可以通过它自觉地与神交流而走进宗教氛围之中，从而通过宗教仪式的转化使人神合一。从那些青铜礼器可以看出，当时人们已有了较为完整的宗教礼仪和制作精美的祭祀物品，无论器型还是纹饰，都体现出较为明显的审美意识，其造型反映了一种前所未有的精神感受，一种威严、神秘的力量，其纹饰已不复彩陶时代的朴拙、流畅、和谐与自由的特征，而更为狞厉、滞重，具有精神上的扩张力。由此，神秘、崇高的审美意趣和艺术精神在"卜知天意、预知未来"的巫事活动中起步，在巫史交织的特定文化中产生和发展，成了中国青铜艺术的美学"基因"。

道法自然

郭沫若在分析青铜器的铭识、形制、纹样之后，具体地指出青铜艺术的发展脉络——从幻想到现实的主题、从神秘到自由奔放的精神、从静态到动态的构图。这同时也是中国青铜艺术的审美走向。自汉唐后，随着社会环境的改变，个人意识的独立，中国古代铜器逐渐蜕去原始宗教及礼乐传统，走向世俗民间，成为不再从属于庙堂的人的审美活动，成为一种相对独立的艺术表现，逐渐呈现出提升人的价值的美感形态。但是，"天人合一"的思想已在中国传统文化中形成了独具民族特色的美学情趣，熔铸出中国文化的艺术精神，仍然融入青铜艺术作品中。此时的"天人合一"在人的造物活动中往往表现为"道法自然"，顺应着人与天地自然的关系。它以顺乎自然、器以象生，呈现"巧工善艺，天人合一"倾向，具体表现为：青铜造物是合自然与合目的的统一，人们运用智慧巧借自然而造物，力图与自然有机融合，营造出生机活泼的气氛，在取材上尽力展现材料本身的质地，工艺上追求自然与工巧的平衡，审美上追求素朴和自然天成。它注重工巧所具有的审美功效和社会意义，并着意在两种不同的趣味指向上追求工巧的理想境界：一是顺天然去雕饰，一是尽精微穷奇绝，使青铜器物巧夺天工。它把青铜造物视为宇宙大生活情趣的具体现身，表现出象征性、灵动性、天趣性、工巧性等美学个性，多有自然天真、恬淡优雅的情致。

修饰调谐

　　远古时期，那些才能优异、技术精良的匠师，主要集中于王朝首都以及诸侯国的都邑内，他们世代相传，其创作技法有一定的沿袭性、固定式，使青铜艺术设计语汇呈现出程式化倾向。同时，古代匠师们匠心独运，器物尽展技法之术，极尽装饰之能，总体上呈现出和谐的审美理想。由此，中国青铜艺术在艺术手法上表现出和谐性与装饰性的特征，呈现出中华文明独特的风范。

和而谐之

　　和谐是一种审美状态，也是一种创作手法。中国青铜艺术重道体、讲关系、求和谐，主张"器体道用、体用合一"，重视人与物、用与美、文与质、形与神、心与手、材与艺等因素相互间的关系，有着"合""和""宜"的审美理想。它使青铜器呈现出外观的物质形态与内涵的精神意蕴的和谐统一，实用性与审美性的和谐统一，感性的关系与理性的规范的和谐统一，材质工技与意匠营构的和谐统一。这种协调之美还体现在器形的塑造、纹饰的布局、色彩的搭配等各方面。如铜器

造型的几何体的规整和动物状的仿生的统一，外形刚劲方正的器身主要部位上衔接以曲面的几何形体的相谐，器物主体上铸接多种造型活泼生动的附饰的调配等，就体现出兼容并蓄、刚柔相济的和谐原则。如安徽阜阳出土的龙虎尊，就把龙形附饰在相对于鼓起的腹部显得细弱的颈部上，使腹部和颈部达到视觉的平衡，同时与提梁两端安接的鸟形附饰相合，成为一组鸟兽形饰件，使几乎占了器高一半的坡面形颈部避免了单调，在肃穆、庄重的造型基调上洋溢出活泼、灵动的风格。

雕而饰之

中国古代青铜器往往纹饰精美，布局严谨，意境优美。青铜艺术的装饰主要体现在器物的装饰上。中国原始艺术形式有三大主题：抽象符号、动物形象和人类形象，这些主题在青铜装饰中得到了完美的体现。人们在纷乱的外部世界中很容易看到的是规则的形状，而"对称与平衡"则是直接而简捷地获得这种秩序美的方式，这已成为装饰艺术的规律。商周青铜艺术最大的特点之一是"对称与平衡"，如著名的"饕餮纹"，其特点是正面的动物头以鼻梁为中心轴，对称展开双角，两侧为眉毛和眼睛，在鼻梁下是卷起的鼻子和张开的大嘴。这些对称的结构给人一种稳定、庄重、整洁、严谨的美感。"简化"是人们在设计和创作中一种重要的无意识思维惯性，也是装饰艺术的规律之一。自诞生以来，青铜器就出现了纹样化的趋势。在青铜器上我们可以看到，用于装饰的云彩图案和雷鸣图案是由一个连续的螺旋形组成的。如果这些螺旋是圆形的，它们被称为云纹；如果它们是方形的，便被称为雷纹；当这些螺旋像皮带一样旋转时，它们是回纹。云雷纹从圆形变成方形，然后变成旋涡状的回纹，一个简单质朴的几何图案就成为一种曲折多样的形式，并具有很强的图案感和装饰感。此外，青铜装饰反复不断地排列，形成了旋转奔放的节奏感，这也是一种优雅的东方装饰风格。

四

丰富多样

　　中国青铜艺术是中华民族博大而强劲的生命力的载体之一，不仅器具种类繁多，包括工具、礼器、乐器、兵器、日常用具、车马器、量器、各种构件以及装饰艺术品等，使用的范围涉及社会生活的各个方面，而且延续时间长，涵盖地域广，在时间和空间上呈现出艺术风貌的多样化，以"各显其美、美美与共"的光芒，共同彰显出中国多彩文明。

年代之美

　　中国青铜艺术的丰富多样性，是和其演进史密不可分的，具体表现在不同历史时期的时代之美上。商周时期和春秋战国时期是我国青铜器发展的鼎盛时期。商周青铜器以祭器为主，体现了宗法制度，表达着宗教信仰和思想观念，造型巨大，气势恢宏，装饰威严，充满了威严诡异的色彩。李泽厚称商周时青铜器具有狞厉之美，认为吃人的饕餮可作为这个时代的标准符号。"它们之所以美，不在于这些形象如何具有装饰风味，而在于以这些怪异形象的雄健线条、深沉突出的铸造刻饰，恰到

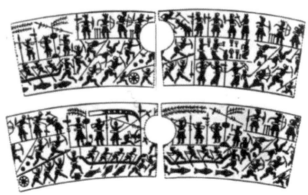

　　汲县铜鉴《水陆攻战图》

好处地体现了一种无限的、原始的、还不能用概念语言来表现的原始宗教的情感、观念和理想，配上沉着、坚实、稳定的器物造型，极为成功地反映了'有虔秉钺，如火烈烈'进入文明之前所必经的那个血与火的野蛮年代。"春秋早期，青铜器总体依然类似西周晚期。而至春秋中晚期之后，青铜器逐渐在形制、装饰、铸造工艺方面及器物组合方面形成自身独特的面貌，开始转入精细、繁缛，细密的蟠螭纹成为主题，出现嵌铜龙、凤、鸟、兽及反映狩猎的题材。晚期则出现了描绘人们生活场景的图样。此时的青铜装饰打破了商周的僵化格式，向反映战争场面和人们日常生活等新颖领域发展，如汲县铜鉴上的《水陆攻战图》，它刻画了二百九十多人，包括格斗、射击、划船、击鼓、犒赏、送别等炽热的战斗生活场面。其工艺表现变幻丰富，绚丽多彩，形成了不一样的美学面貌。

地域之风

中国青铜艺术的丰富多样性，是和中国文化多渗透和大融合的背景密不可分的，其也表现在一些地域艺术的相对独立性上。远古时代，由于中国地域广，各诸侯国的传统和技术均不一样，所以青铜艺术形成了不同风格的流派，如中原各国的青铜器古朴典雅、楚国的青铜器装饰细腻秀丽等，甚至一些地域的青铜艺术独立发展过，并且自成体系。如四川三星堆青铜器除承传中原风格外，还有一个属于自己地域特征的、独立系统的青铜艺术个性。它在审美意识上，表现为源于氏族图腾的狞厉之美；在图纹标志化上，象征的指意性很强，与上古巴蜀图腾崇拜、图腾徽铭有明显的继承关系。这表明：三星堆青铜艺术在长达 1300 年的历史跨度中，不断吸收毗邻地区文化因素，形成其独特的文化内涵与艺术个性，成为中国青铜艺术的一个重要分支。而以狄、匈奴为代表的中国早期游牧民族创造出的青铜文化艺术，在我国古代青铜艺术中独树一帜。譬如，军都山玉皇庙，青铜带具和带饰特别发达，其造型多为写实的马形、鹿形、羊形、犬形和野猪形，数量以马形者最多。而那些以写实的动物为造型、采用半浮雕技法铸造而成的青铜牌饰，均出于死者颈下、胸上正中部位，背面均铸出两个穿鼻，用麻线连缀于衣领中央，并且在牌饰表面。在马和虎的眼、蹄（爪）及尾端，还铸出嵌孔或嵌窝，用于镶嵌绿松石饰珠——这是燕文化和中原文化所没有的。可以说，中国青铜艺术是民族文化相互交流、融合的见证。

诡异奇美

　　中国青铜艺术是超凡的神秘力量与现实社会的契合，是非凡的想象力的结晶，凝重中带有清新，奇特中夹杂自然，风格多变，诡异奇美。随着时代的递进，当人类逐渐摆脱对神灵的依附时，当人间烟火气萦绕于铜器时，青铜器的艺术特征也在流变。青铜器不再仅仅具有诡异奇美之美，更具风格多样的时代风貌，艺术创作者将对雕塑空间的独特理解融于金属的光泽、塑变、质感中，在金属的光洁与锻打的痕迹中呈现出有情有调的生命韵律。但是，作为审美因子，"诡异奇美"仍是青铜艺术夺目的光彩。

神秘诡异

在古代，青铜器是一种神秘之器，具有崇高尊贵的地位。在巫风盛行的时代，古代工匠膜拜敬畏神祇，以直觉性和综合性的方式把握世界，并将其符号化、现实化，将一种宗教规范表现为艺术形式。这是中国青铜艺术的母题。在那个时代，宗教是实用的，美与艺术也是实用的，是与生活难以剥离的，由此青铜艺术之美呈现在宗教、战争、政治生活领域，承接着远古风尚气息，体现着当时的精神理念和审美经验。比如青铜器中的龙形龙纹，就是作为神灵瑞兽的动物与神秘尊贵的器物在历史长河中相遇，交融在一起放出的异彩。如中国龙文化源远流长，在远古先民的意识里，龙能兴风雨、预示吉凶祸福，是沟通天地神人的神秘瑞兽。龙纹是在青铜器上流行时间最长的装饰纹样之一。商代铸刻的青铜器龙纹是古拙、神秘、威严的。西周时期，各种夔龙纹、卷龙纹、花冠龙纹、两头龙纹、双体龙纹继续活跃于青铜器上。及至春秋战国，青铜器虽然还有"明尊卑，别贵贱"的象征意义，但开始注重其艺术审美，并把精神诉求表达于青铜器之上，这一时期龙纹显得活泼、灵动而又略带浪漫气息。无论哪个历史时期，先民都充满着对龙的神秘力量的敬畏，他们都要在青铜器上把龙的神秘、威严表达出来。不管是饕餮纹或是兽面纹，青铜器上这种概括夸张的纹样和造型都给人以一种超脱尘世的神秘气氛和力量，是以象征符号指向了某种超世间的权威神力。可以说，中国青铜器的诡异之美，来自神秘威严的巫神文化，是敬畏之美、想象之美、力量之美。

瑰丽奇美

瑰丽多彩的中国青铜器，造型奇特，线条流畅，富有阳刚之美。它的沉雄奇美来自浑厚夸张的造型，来自周身布满的精美纹饰。如四羊方尊是商朝晚期青铜礼器，被称为"臻于极致的青铜典范"。此件青铜器长颈，高圈足，肩部高耸，有各种花纹。器物最突出的部分是四个卷羊头伸出于器外，蜿蜒盘旋，上刻有各种吉祥图案。羊的前胸及颈背部布满鳞纹，两侧饰有长冠凤纹，圈足上是夔纹，前腿上有跃跃欲飞的长观鸟。在两个羊头中间各有一龙头探出，相互盘缠。器物将器用与动物造型有机地结合成一体，采用圆雕与浮雕相结合的装饰手法，将四羊与器身巧妙地结合为一体，使原本凝重的造型变得生动起来，雄浑厚重却又不失端庄典雅。"莲花怒放，仙鹤欲飞"——春秋莲鹤方壶，盖的上方四周骈列镂空的双层莲瓣，中央立一引吭长

莲鹤方壶

鸣振翅欲飞的鹤，颈两侧各有一条回首反顾的龙形怪兽构成铜壶双耳。仙鹤造型古朴，线条传神，傲然挺立在绽放的莲花之上，将莲花与仙鹤两种寓意高洁的事物完美地结合起来。壶身上，鸟纹、兽纹、龙纹及蟠螭纹相互交错，其严谨的纹饰布局与主体灵活游动的龙螭结合，形成动中有静、静中有动之美。此外，景泰蓝、错金银和乌铜走银等古代金属细工装饰技法在青铜器上装饰以图案，形成了错彩镂金之美。中国青铜艺术的瑰丽奇美，美在形制之美观、纹饰之精丽、铭文之劲拔，也美在掐丝鎏金、铜金生辉。

第 四 章

中国青铜艺术表现

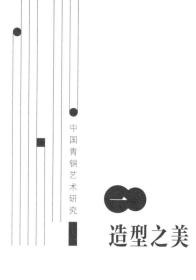

一 造型之美

　　面对青铜器，似乎有金石之声从远古传来。青铜器以造型、纹饰和铭文，显示出千年的艺术之韵、沧桑之美。这是器之形、纹之饰、铭之文组合而成的艺术，是中国青铜艺术的语言。中国古代青铜器造型丰富、品相繁多，加之用合范法铸造，一般一范只铸一器，很少有面目完全一致的，因此件件面貌各异，精品迭出，令人叹为观止。器制繁多、造型奇特、状貌卓伟，这是中国青铜艺术的绝世之姿。那一尊尊青铜器，肃穆而又振奋，昂扬而又悲壮，沉重而又深邃，有着命运之神秘及情调之悲怆，是中国雕塑艺术的瑰宝和渊源。

器物之繁

"闾阁扑地，钟鸣鼎食之家"，这是唐朝诗人王勃《滕王阁序》中的话。这里的钟和鼎指的是青铜礼器。青铜器之形制、摹制范围之广，器物种类之多，并且随时代变化，即使属于同类器物，形式亦不尽同，极尽造型之美。古代青铜器种类繁多，器物丰富。宋代《考古图》以器为类聚，以用途为标准，把器物分成若干大类，然后在大类内再分细目，如：卷一是鼎属，卷三是簋属。时下，我们一般按照用途来对青铜器进行分类，基本上将其划分成食器、酒器、水器、乐器、兵器、车马器、工具、货币、玺印、度量衡器、铜镜、杂器等几大类，其中不易归类的器物统归杂器。这是青铜器的形制，多彩多姿，溢光流彩。

青铜食器、青铜酒器

青铜食器主要器种有鼎、鬲、甗、簋、簠、盨、敦、豆、匕等：鼎相当现在的锅，用以煮或盛鱼肉，形状大多是圆腹、两耳、三足，也有四足和方鼎等。在商周奴隶制社会，鼎被奴隶主贵族用来"别上下，明贵贱"，作为标志统治权力和等级的一种器物。鬲为炊煮食物的器物。古书中说鼎"款足谓之鬲"（《尔雅·释器》）、"空足鬲"（《汉书·郊祖志》），可见鬲的形状是似鼎而空足，足中空便于炊煮加热。簋相当于现在的大碗，盛黍、稷、稻、粱，形状一般为圆腹、侈口、圈足，有无耳、二耳、三耳，甚至四耳的。据《礼记·玉藻》记载和考古发现说明，簋常以偶数出现，四簋与五鼎相配，六簋与七鼎相配，八簋与九鼎相配，有着标志奴隶主身份高低的作用。豆为用来盛肉酱一类食物的器物。《说文解字·豆部》："豆，古食肉器也。"其基本形状是上有盘，中有长把（称校），下有圈足（称镫），大多有盖，盖上有捉手或环纽，且盖翻倒过来可以另作一器使用。匕是古代取食物的匙，《说文解字》云："匕亦所以用比取饭"。青铜酒器主要包括爵、角、斝、觯、兕觥、尊、鸟兽尊、卣、盉、方彝、勺、罍、酒樽、壶等。在商周时代众多精美的青铜器中，青铜爵造型坚挺稳健，立柱朝天，刀足插地，前流后尾，伸展飞翘，以其独特的风格傲立同侪，可算是青铜器群体中最具动态美的

爵　　　　　　　　　　　利簋

杰作。爵是青铜器中的大类，为斟酒器，作为最早出现的青铜礼器之一，20世纪70年代在河南偃师二里头夏代晚期的遗址中，已有青铜爵出土，其原始形态具有仿陶爵的特点。随着时代的变迁，爵的各个部分表现出不同的演化。商代早中期盛行扁体分段平底爵，底部的三锥足无法使器物产生稳定感，形状不够成熟；商代晚期除少量扁体的平底爵外，开始盛行杯形的圜底或折底爵，也有杯形的平底爵。此时的青铜爵一变早期质薄轻简的风格，形制厚重，花纹华丽，体圆流宽，且长度缩短，流与器口相连处的柱由钉状的雏形变为立柱，尾部则较前加长，三足呈较粗的锥形，支撑方式多呈不同程度的斜角。整个商代晚期，青铜爵非常盛行，西周早期青铜爵基本延续晚商遗制，但数量急剧减少，并且出现了退化的迹象，西周中期以后三足的青铜爵大体上退出了礼器的行列。青铜食器和酒器，多扮演过礼器的角色。以青铜鼎为例，器物是用于煮熟食物、盛放熟食的生活用品，作为礼器的鼎经过装饰则成为身份、等级和权力的象征。春秋时，楚庄王北伐陆浑之戎（少数民族政权）时，曾向周定王派来的使者打听周王室九鼎的轻重和大小，显示了楚庄王想称霸的野心，成语"问鼎中原"即从此而来。青铜器的艺术成就，往往体现在这些摆脱实用功能而上升到具有礼仪象征意义的青铜礼器上。

青铜兵器、青铜乐器、青铜货币、青铜水器、铜镜

青铜兵器主要有戈、矛、戟、钺、镞、殳、剑、刀、弩机、胄等，其中剑为古代兵器，由"身"和"茎"两部分构成，剑身中线突起称"脊"，脊两侧成坡状称"从"，"从"外的刃称"锷"，剑茎（剑把）有圆形、扁形两种，茎端称"首"，茎和身之间有的有护手的"格"，战国与秦汉最为盛行。青铜乐器主要有铙、钟、铮、铎、句鑺、铃、鼓等，其中，钟为金乐之首。钟为古代祭祖或宴飨时用的青铜乐器。今所见最早的青铜钟是所谓甬钟，钟顶有筒形的甬。大钟单独悬挂，称为特钟；大小相次成组悬挂，称为编钟；钟顶的甬为近似半圆形的纽所代替，称为纽钟；也有钟顶作扁环纽或伏兽形纽，或在钟体两侧铸有浮雕的虎作为装饰，别具一格。铜钟始于西周，春秋战国最为发达。青铜货币主要有贝币、刀币、布币、圜钱、蚁鼻钱等。我国古代在没有使用金属货币前，曾以海贝充当货币，习称贝化。贝币是仿海贝的一种青铜货币，就目前考古发现的实物资料看，商代晚期已开始用铜质贝币了；刀币是春秋战国青铜制货币的一种形式，形制仿照青铜刀削，一般作凸脊凹刃状，主要流通在齐国和燕国；圜钱又称圆钱，是先秦时代青铜货币的一种形式，或圆形圆孔，或圆形方孔，因此种货币使用方便，一直延续了两千多年。青铜水器主要有盘、匜、盂、鉴、瓿、盆、斗。盘是古代水器，流行于商代至战国，小的盘也盛水用以洗手洗脸，大的盘也用以洗浴。盘多圆形，浅腹。鉴为古代盛水或冰的器皿，盛行于春秋战国，形体一般很大，似盆，大口，深腹，无足或有圈足，多有二耳或四耳。古代未普遍使用铜镜前，常在鉴内盛水用来照影，因而后来把铜镜也称为鉴。铜镜的正面平滑光泽，背面一般都铸有各种题材的花纹或字铭。铜镜的发展演变在中国历史上曾出现过几次较兴盛的时期，最盛行于战国、汉代和唐代。战国铜镜以其制作和装饰，可分为北方和南方两个体系。北方铜镜，质朴简略，较少装饰，数量也不多。南方铜镜，精巧纤细，多花纹装饰，数量较大，以楚国所产居多。战国铜镜以圆形为主，亦有少量方形，具

有胎薄、卷边、三弦纽（或称川字纽）等特点。其装饰花纹多采用主纹和地纹相结合，主纹有山字纹、双菱纹、禽兽纹、蟠螭纹、花叶纹、连弧纹等，其中以山字纹、双菱纹最多，也最具特色。汉代铜镜在战国以后又一次大发展，它是汉代金属工艺中一个主要的品种。汉代铜镜式样丰富，制作精巧，兼有很高的艺术性和装饰性，具有体薄、平边、圆纽、圆形、装饰花纹程式化等特点。

青铜杂器

青铜杂器主要有俎、禁、博山炉、灯、熨斗、洗、耳杯、炉、带钩等。俎为古代祭祀时用以载牲的礼器，也作切肉用的案子，为两端有足的长方形，有的案面微凹，有的案面上有几个十字形孔。博山炉是古代焚香用的青铜器，由炉身、炉盖和底座组成，盖高而尖，盖上雕镂成山峦形，上有人物、走兽等形象，象征海上的仙山"博山"，因称"博山炉"，盛行于汉晋。古代青铜灯也写作"锭"，盛行于战国至汉晋，式样很多，常见的上有盘，用以盛油或插烛，中有柱，下有底，有的铸成人形、鸟形、兽形、树形等。洗是汉代盥洗用的青铜器，类似后世的脸盆，圆形，宽口沿，平底或圜底，腹外常有穿环的二兽耳，器内底常饰双鱼纹。耳杯是古代饮酒器，椭圆形，两侧各附一半月形的耳，盛行于汉晋。带钩是古代用于扣拢腰带的钩，最早为我国北方民族的"胡服"所用，春秋战国时传入中原，形式很多，常见的有棒形、竹节形、琴面形、圆形和兽形小带钩，有的镶玉、鎏金、嵌绿松石或加金银错，盛行于战国至汉代。

青铜度量衡器主要有尺、量、器、权等，如传世的商鞅方升，是秦孝公十八年商鞅变法时颁布的标准量器，长方形，有柄，实测容量201毫升。青铜玺印多有纽，可以系绶，印纽形式也很多，有覆斗纽、鼻纽、龟纽、驼纽、虎豹纽等，印文则有阳文和阴文，字体依时代而异，有先秦时代的六国古文、秦汉至魏晋南北朝时期的篆书、隋唐以后的隶书和楷书等。青铜工具主要器种有犁铧、锄、镰、镢、铲、斧、锛、锥、削、凿、刻刀、锯、锉、钻等。青铜车马器主要包括曹、辖、衔、镳、轭、銮铃、当卢、马冠等。其中，马冠是系在马额上的饰物，一般作兽面形，兽面粗眉圆目，巨鼻大口。

青铜器依据不同的用途而有特定的名称，千变万化的器形带给人们强烈的视觉冲击力。青铜器能够体现出始终如一的雄浑、苍茫之气，造型的美感功不可没。

形体之妙

青铜器形式多样，功能不同，造型也不同，即使同一种器物，器形也不完全一致，形态各异，变化无穷，如鼎有圆鼎、方鼎之别，鼎足有柱足、蹄足、扁足之分，充分体现了古代工匠巨大的创造力和卓越的艺术想象力。青铜器每类器物都有自己的特定造型，但无论厚重庞大还是纤巧飞动，总体感觉是凝重威严的——凝重中积淀着历史的沧桑，威严中寄寓着王权的尊贵和宗教的神秘。青铜器的造型是实用与装饰的结合，是规整与飞动的统一，是形式美的表现。

几何与动物

综观青铜器，其形体基本上有两种类型：一是几何形，一是动物形。几何形是对实际存在的事物的概括和提炼，是抽象与具象的统一，它的美在于简洁与规律。几何形有规整的几何形与变异的几何形之分，规整的几何形指由单一的几何形，诸如方形体、球形体、半球体等构成的形体。这种形体给人整饬、饱满、充实、单纯、明朗的感觉，如司母辛大方鼎即是规整的几何形的代表，鼎腹为标准的长方体，鼎足为带有兽纹的圆柱体，整个造型端庄、厚重、稳重、威严。其实，规整的几何形在青铜器中并不多见，绝大多数的青铜器物都是变异的几何形。变异的几何形是在规整的几何形基础上稍加变形而成，如大多数的圆鼎的腹部是近似半球体而非半球体，这种稍加变形的几何体造型，使青铜器既具单纯、朴素的特点，又避免了单调、呆板的缺点，给器物平添了一种生气。

青铜器的动物形主要是指仿兽、仿鸟的造型，所仿的动物有的是真

鼎

尊

敦

实动物，如象尊、羊尊、牛尊、虎尊等，写实而生动；有的是想象动物，如饕餮食人卣，怪诞而神秘。动物形青铜器的造型方式主要有两种：一是整个青铜器就是某一动物的雕像，如出土于山西浑源李峪村的春秋晚期牺尊，通体作牛形而不十分写实，周身以模印方法施加了华美的兽面等纹饰，并在牛颈和背上的容器口沿部分饰以一圈造型很生动的牛、虎、豹等浮雕，精美绝伦；二是在器物的某一部位如作为附属部件的盖、提梁、足上，才有动物形象。莲鹤方壶即是如此，壶体为几何形，壶体两侧各爬一条龙，壶盖正中立一只鹤，鹤周围布饰莲瓣。这种莲瓣形的壶盖中央亭亭玉立一只俊逸之鹤、壶侧有龙耳、壶底有伏兽的造型，华丽至极，设计奇巧，足以使这件青铜艺术作品穿越时空而成为永恒。湖南长沙出土的鸱卣，作双翼背立形，有浅浮雕的耳、目、翼，手法简洁，另有一种单纯朴素的美感。青铜器物的此类造型接近于雕塑。

青铜雕塑以动物雕塑居多，多为外形制成禽鸟或兽类形象的容器，其中牛、羊的形象在青铜器中多见，

觚

或作为立体的动物形器，或作为器物的立体装饰。其代表性作品如出土于湖南醴陵的象尊，造型相当写实，周身布满浮雕的夔纹，象鼻高卷，鼻端有一伏卧之虎，背向对着象头顶上的两条蟠屈的蛇，作将跃起攫拿之状，细部的生动描写又不妨碍整体造型的完整。此外，还有一些人与兽身结合为一体的形象，如湖南宁乡出土的人面纹方鼎，鼎腹四面正中各有一浮雕人面像，头上生角，两侧有爪，是人与兽结合的神异动物。此类形象可能与图腾崇拜有关。商代鸟兽形青铜器，反映出当时的艺术工匠已有相当强的造型能力，但限于器物制作的宗教、政治目的，没有做成独立的雕塑作品，而主要以具有礼仪性质的工艺美术品出现。这些器物的造型与装饰，将飞禽、走兽与水族动物的一些特征结合为一体，企图赋予对象以超人间的神圣力量，造型庄严、神秘，富于英雄主义色彩。由此可见，青铜艺术奠定了中国雕塑的基础，它在古朴雄浑的造型基调上，展现出浪漫神奇的想象力，在造型上给现代雕塑以极好的启示。

实用与装饰

在青铜时代，铜器不是装饰物，而是生产工具、生活用具、征战武器，主要功能是实用。但当时的人们在设计、铸造青铜器时，不仅考虑到实用，而且还注意到美观，力图

觥

将实用与审美结合起来。在实用与审美之间，青铜器的实用是第一位的，这是由青铜器的功能性质决定的。青铜器的造型首先要具有实用性，功能不同，形制也就不同。这是实用之美，美在合乎客观规律的"真"，美在合乎功能目的的"善"；其次，青铜器之美在于它的装饰性——这是在实用的基础上，根据审美需求加以适当变化而产生的。青铜器的装饰性部件比较集中在足部、腹部、提梁、把手和盖上。就足部而言，有柱状足、锥形足、圆足、方足、兽蹄足、兽体足等；就腹部而言，有浮雕凸棱，有种种鸟兽的雕塑；就提梁而言，有蛇形、龙形等；就把手而言，或饰有羊头、牛头、饕餮头，或塑有弯曲的蛇形等形象；就盖而言，或与整体合成一完整的动物，或盖上有鸟龙之雕。此类装饰千姿百态，瑰丽诡奇。

青铜器是实用与审美的结合，古代工匠在设计青铜器的造型时，非常注重器物的实用性和装饰效果相融合的艺术处理。设计一件青铜器时往往在考虑实用功能的基础上，充分对器形加以艺术性处理，从而将实用与装饰巧妙地融为一体。如1980年江苏邗江出土的东汉错银铜牛灯，此物为汉代虹烛灯最重要的代表作之一，分灯座、灯盏、烟道等部件。其灯座为一首伫立的黄牛，腹中空；灯盏外观为一亭子，亭子基部是灯盘，边缘双层；灯盘外侧有一扁平短把，用于转动灯盘，调节光照度；灯盏上部为穹隆形的圆盖，盖的中央即为管状烟道，由牛顶部向上伸出，灯火点燃后，产生的烟炱可通过烟管导入牛腹并溶于水中。这种将防止烟油污染与牛灯造型巧妙融合在一起的设计，着实令人拍案叫绝。古代祭祀中，牛、羊是主要牺牲，因此青铜器大多用动物形象为造型。商代晚期的盛酒器凤形牺觥，即以牛为器形，牛形设计神态逼真。设计者巧妙地将牛首及脊背做成器盖，利用牛的颈部作为倾注酒液的流部，从而使器、盖丝丝相扣，浑然一体，使器物的实用性、形体设计的宗教性要求和艺术性处理完美无缺地融于一体，表现出古代工匠非凡的艺术创造力。而出土于湖南宁乡的四羊方尊，器形庄严华美，器腹四角为立体的羊首，羊身饰以繁简得体的华冠鸟纹，使立体动物造型与实用器物造型达至完美结合的境界。

规整与变化

形式是内容的结构方式和表现形态。从中国古代青铜器来看，青铜艺术造型有着以下法则。一是平衡对称，青铜器大多是放在案上或地上的，而且使用的便捷性也要求它们趋于稳定。英国美学家威廉·荷加斯说："有三个优美的托架的桌子，或者带有三条腿的立灯，或者古人的著名的青铜鼎，这些对象给予我们眼睛的那种稳定感，是多么令人愉快。"这种对称方式，因形式相同，使造型整齐有序，而方向相反又使形体的张力互相抵消，趋于和谐。二是单纯多样，青铜器的形体常以圆与方、奇与偶的对比等来体现这一规则，如铜簋一般为扁球体，而腹部有波浪纹的圈，表现出起伏的变化。如三足器皿在视觉上不及四足稳定，但显得轻灵富有动感。此外，青铜器的各种装饰性的浮雕也有着单纯与多样统一的形式美，呈现出明朗而丰富的美感。三是刚柔相济，在几何形体中，直线、方形、三角形，往往会给人一种突出的力感，是刚性的，而圆形、曲线往往有着一种回环往复的柔感。绝大部分青铜器通过直线与曲线、方形与圆形、立方体和球状体的奇妙组合来实现刚柔统一，也有青铜器物通过将生气勃勃的动物造型装饰于器物表面，取得极好的"刚柔相济、寓动于静"的艺术效果。这是一种端庄杂流丽、刚健含婀娜之美。

譬如，商代晚期妇好墓出土的爵，形制比较复杂，前方是倒水的口，称为"流"，"流"上有蘑菇状突起的"柱"，后部还有装饰华丽的尾，为了避免头重脚轻的视觉感受，设一束腰的三条细而长的足。整体器物看上去是那样的端庄、稳固而又优雅、纤巧。再如战国的牛虎铜案，描绘了在大自然中发生的虎追逐野牛、野牛奋勇保护小牛犊与虎搏斗的场面，但是作品并没有自然主义地再现此场景，而在雕塑上采取以静制动的手法，以野牛稳如磐石的姿态，展示牛的力量和大度，以刀戟一样的牛角显示牛的强悍，并且把虎安置在牛尾，展示虎跃起咬噬野牛的酷烈情景。此外，作品打破写实手法，在野牛腹部掏一洞，把小牛安置在里

牛虎铜案

面，体现母牛护犊的感人情节。雕塑的空间处理具有很强的艺术感染力。
又如 1972 年甘肃武威市出土的东汉木辂车，马的雄健与车的轻便造型
形成了鲜明对比的艺术效果。

规则是美的，但常给人单调之感，因而需要我们对规则有意背离，
而变形是背离的主要手段，可使造型更生动别致。和谐，是抽象形式的
最高追求，是诸种互不相同的因素的协调一致，这是青铜器造型呈现出
的审美理想。青铜器有许多装饰造型手法简洁，比例精确，神态生动，
具有很强的艺术感染力。

个性与共性

中国青铜器，尽管同一类型的器物看上去大同小异，但每一件青铜
器都是独一无二的，是原创的、独具个性的。每一件青铜器都只有一
个陶模，青铜器铸成后，需将陶模拆碎，所以每一件青铜器的造型都
是一个完整独立的创作过程。这是青铜艺术的个性，也是青铜器具有
独特艺术价值的原因之一。当然，青铜艺术也是具有共性的。青铜器

造型的不同是辨别一件器物具体所属年代的重要依据。每个时代都有不同的审美观，譬如西周的鼎腹就比商代的鼎腹向外膨出，这样的造型比商代非方即圆的鼎少了几分肃杀之气。这是青铜器造型的时代风貌和艺术共性的表现。

妇好墓三联甗

例如，1976年在河南省安阳市小屯村殷墟妇好墓出土的三联甗，其形制前所未有。以前考古发现的三联甗与今天的蒸锅类似，是单体的，而三联甗由并列的三个甑和一个长方形案状的鬲组成，就像长桌

象尊

上放着三个带耳的蒸锅一样。三联甗的案上有三个圈形灶孔，用来承置甑体，不但放置稳当，而且一次能加温蒸好三锅饭，可见其构思之奇巧；长方甗架四周饰一圈蟠龙纹，相间有圆涡纹，其下加垂叶纹；甑的双耳为兽首耳，口沿下有两道细棱，饰对称的大夔纹和小圆涡纹，纹饰相当精美。另一个例子是1975年在湖南省醴陵狮形山出土的象尊，全身象形，腹部宽大有力，四足有力，踏地时有声；象鼻卷起，略微呈反S形。它不仅有一种端庄的感觉，而且看起来平滑而不僵硬，简直就是一头真实的大象。象尊全身布满装饰图案，主要有饕餮纹、夔纹、鳞纹、蛇纹等。

这简直是一幅美丽的立体图像，是共性与个性的统一，是时代风格与个人创作的共鸣。

色彩之华

大理石的高贵之白、陶器的黑亮之釉，是源于自然的色彩之美。色彩是构成青铜艺术的要素之一，器物的色彩和材质、工艺密切相关，因造器之材料不同，其色泽与斑锈等会因之而异。即使同一原料，有时由于工艺相差、火候不一，色彩亦有分别。青铜艺术色彩之美，来自天然，来自炉火的工艺，来自历史的沧桑。

材质之美

青铜器的主要材质为青铜，青铜器的独有色彩就来自此种材料。根据现在的科学检测可知，青铜是红铜与锡、铅的合金。这是冶金史上最早的合金，其颜色呈金黄、肉红、银白三类。颜色是金黄还是银白，因合金的成分不同而有所变化。刚刚冶炼的青铜并不会呈现出"青"色，因为现今发现的青铜器大多是在地下经历了数千年的时光，这种合金经过几千年的化学反应，表面会生成一层青绿色的锈，这使得青铜器呈现青绿色，故称"青铜"。然而，正是这种自然形成的绿色，成了青铜器审美的一个重要特征，使青铜器在自身造型美、纹饰美的基础上，具有了色彩美的内容。青铜器色彩美的一个重要特征是：它的色彩不仅为青铜器增添了一种漂亮的颜色，更使得青铜器具有了历经千年的沧桑感，具有了强烈的历史感。大多数青铜器在地下度过了千年，所以其色彩更是被赋予了历史沧桑的内容，丝毫没有急功近利的人间火气，呈现出一种雄强大度、深沉稳定之美感，蕴含着一种大美的静气。青铜器那布满翠绿和红褐的锈斑，是岁月久远的印记。

工艺之美

一幅青铜浮雕上，一工匠正推拉鼓状风箱往炉里送风，另一工匠手持长瓢往砂模内浇铸铜汁，下方陈列着钱支子、钱坯、钱饼等半成品，仿佛是这两位工匠粗心所遗。这是古代铸币工艺流程鲜活的写照，是青铜艺术工艺之美的写照。除了制模翻范、熔铸打磨之外，金银错工艺也是青铜器色彩之美的成因之一。金银错是一种青铜器装饰工艺，流行于汉代，就是把金银涂画于青铜器上。清代段玉裁在《说文解字注》中说："错，俗作涂，又作措，谓以金措其上也。"所以，广义一点说，就是凡是在器物上布置金银图案的，就可以叫金银错。在现存的战国秦汉青铜器中，我们发现许多被考古学家和文物专家称赞的精美金银错青铜器，在金银纹样脱落处都没有凹痕，由此可知，这些金银图案不是镶嵌的，而是彩绘的。如现存美国沙可乐美术馆的鸟纹壶，是一件公认的金银错精品，但其金银脱落的地方，也没有任何凹痕，一望便知为"金涂法"产品。

青铜艺术的色彩之美，美在材质，美在工艺，呈现出青紫斑斓的历史感和星光闪烁的光感。它附丽于造型之上，给青铜器物形体披上一层独特的华丽的衣裳。青铜色彩，风起霓裳。

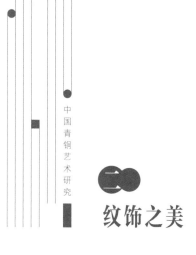

纹饰之美

　　纹饰如衣，片羽吉光。对于青铜器来说，纹饰既能勾勒轮廓，又能带来华美；对于史学家来说，青铜纹饰所带有的史料价值则远远超过其本身的艺术价值和观赏价值，它反映的是古代社会的经济、文化、政治与宗教情况，是史记的图案化。青铜器的许多器皿是在古代的宗庙祭祀活动中使用的，不同时期不同的器物有着不同风格的纹饰。这些纹饰有着一定的含义，蕴含着古人的思想，是原始精神的痕迹。而作为青铜艺术的主体部分之一，纹饰最为集中、最为鲜明地反映了青铜时代的精神风貌。从渊源来看，青铜器纹饰是新石器时代陶器纹饰的继承和发展，但其基本的美学风格发生了质的变化。陶器纹饰大多是几何图形，就是动物纹饰也较为写实，总体来说，明朗、单纯、古朴、和谐，在自由活泼中洋溢着人类童年的天真和稚气。而青铜纹饰则繁缛怪诞、森严神秘，呈现出狞厉之美。青铜纹饰和彩陶纹饰一道，奠定了中国装饰艺术的基础。

青铜纹饰的形态

青铜纹饰是古代劳动人民给我们留下的一份极其珍贵的艺术遗产。青铜纹饰一般可以分为几何纹、动物纹和人事活动三大类：几何纹主要有弦纹、乳钉纹、云雷纹、重环纹、三角纹等；动物纹主要有饕餮纹、龙纹、蟠螭纹、凤鸟纹、象纹、鱼纹、蝉纹等；人物纹主要有宴乐纹、狩猎纹、武射和战争场面纹等。青铜纹饰随着时代的推移，其艺术风格也在嬗变，因此也是青铜器断代的一个重要依据。在青铜器的纹饰题材中，怪诞的动物形象占据极为突出的地位，如龙凤、饕餮、人兽同体、人鸟同体之物，但也有近乎几何图案的云雷纹和植物纹。商周两代的饕餮纹类型很多，有的像龙、像虎、像牛、像羊、像鹿，有的像鸟、像凤、像人。进入西周，青铜器纹饰的神秘色彩逐渐减退，装饰纹样风格失去了前代威严雄健的气势。至春秋时代，蟠龙纹盛行，逐渐占据了统治地位，把其他花纹差不多都挤掉了，其后，花叶纹、云雷纹等被广泛运用，青铜器的纹饰渐渐走向图案化，透出些许盎然的活泼清新之气。青铜器的纹饰题材主要有以下几类。

图腾标记：（龙）夔纹、凤纹

商周青铜器纹饰以动物纹为主。这些神灵而又怪异的动物往往并非现实生活中真实的存在，而是人们根据实际生活中的某些动物加以改造和神化的形象，大多是远古人类的图腾。图腾即徽帜，是氏族象征。原始人在一个地方定居下来后，该地一种与他们的生活发生密切关系的东西，或因有益，或因有害，就对其产生崇拜，这就是原始图腾。"商周青铜器上种种纹样现象，首先不是出于奇异的审美观念，而是出于对自然力的崇敬和支配它的欲望的幼稚的幻想。"其中动物纹饰往往就是图腾的标记。

龙纹是中华民族最神圣、最吉祥的纹饰。龙的形象可以说是中华民族最具代表性的象征。龙是许多青铜器纹饰的母题，可以说许多图案化的青铜纹饰，实际是从龙蛇、凤鸟纹饰衍变而来的。在新石器时代，龙的形象已萌芽，接近于蜥蜴、壁虎，较为写实。而龙的形象真正形成是在青铜时代，这个时期龙成了多种动物形象的综合体。龙的局部我们可以从现实中的某一动物上找到原型，但龙的整个形象在现实中是不存在的。关于龙的形象构成有如此记载："龙之象，马首蛇尾"（《论衡·龙虚》），"鹿角，牛耳，驼首，兔目，蛇颈，蜃腹，鱼鳞，虎掌，鹰爪，龙之状也"（《涌幢小品》卷卅一）。其中，龙的主要原型是蛇。中国古代有龙蛇互化之说，而中华民族的始祖都是人面蛇身或龙首蛇身的形象。《三皇本纪》云"女娲氏亦风姓，蛇身人首"，由此可见，龙是中华民族主要的图腾。而龙纹这一神秘的图腾标徽，也成了青铜器的主要纹饰形态。

龙纹，作为青铜器纹饰，最早见于商代二里岗期，以后商代晚期、西周、春秋直至战国，都有不同形式的龙纹出现。商代多表现为屈曲的形态；西周多表现为几条龙相互盘绕，或头在中间，分出两尾。传说龙的出现与水有关，《考工记·画缋》谓："水以龙，火以圜"，因此在青铜水器中，龙的图卷或立体形象有更多出现。根据龙纹的结构大致可分为爬行龙纹、卷龙纹、交龙纹、两头龙纹和双体龙纹几种。

爬行龙纹

双体龙纹

交龙纹

【爬行龙纹】通常为龙的侧面形象，作爬行状，鼓睛张口，扬尾奋爪，上唇向上卷，下唇向下或向上卷向口里，额顶有角，中段为躯干，下有一足、二足，或仅有鳍足之状，甚至无足，尾部通常作弯曲上卷。此纹盛行于商末和西周时期。

【双体龙纹】亦称双尾龙纹，其状以龙头为中心，躯干向两侧展开。这类纹饰呈带状，因而躯体有充分展开的余地，实际上是龙的整体展开的对称图形，大多用于方彝或方鼎口沿上。此纹盛行于商末周初。

【交龙纹】旧称蟠螭纹，为龙交缠的图像，是两条或两条以上龙的躯干相互交缠的纹饰。结构多有不同，有单体接连式——龙的躯干有规律地向同一方向交缠连接的，也有甚多的龙体交缠在一起，成多叠式的，通常用作青铜器的地纹。《仪礼·觐礼》："载龙旗弧韣乃朝。"郑玄注："交龙为旗，诸侯之所建。"此纹盛行于春秋晚期至战国早期。

【卷龙纹】又称蟠龙纹，是龙纹中最为壮观的纹样。龙的躯干作卷曲状，首尾相接，或呈螺旋蟠卷状，或呈圆圈状，常饰于盘的中心。图例的卷龙纹，为圆圈状。龙首居中，鼓睛奋髻，龙体作圜形盘转，鳞片

卷龙纹

闪闪。构图类似于太极圈的阴阳鱼。古以为龙、蛇属于同类，故把龙画作蛇身蟠卷状。自殷墟到战国各个时期青铜器上都有这类装饰，只是图像结构有所不同。

【夔纹】《说文·攵部》："夔，神魖也，如龙一足。"传说夔是一种近似龙的动物，图案表现多为一角一足，口张开，尾上卷。有的夔纹已发展为几何图形化的装饰，变化很大。常见的有身作两歧，或身作

夔纹

对角线，两端各有一夔首。某些夔纹的头部更多地吸收了鸟的钩嘴尖喙的特点，身体较龙体更短壮更似野兽，足不像龙足的鹰爪而很像兽蹄。此纹在青铜纹饰中变化最多，盛行于商和西周前期。

凤也是一种综合了多种动物形象而创造出来的神鸟，《韩诗外传》云："夫凤之象，鸿前而麟后，蛇颈而鱼尾，龙文而龟身，燕颔而鸡啄。"凤最初的形象是玄鸟，玄鸟是中国上古与黄帝族、炎帝族并列的三大部落之一的东夷族的图腾。历史上的涿鹿之战就是炎黄二族对东夷族的征

凤纹

伐，而其后实现了以黄帝为首的大联合，华夏民族于此大体形成。因而，凤是中国上古地位仅次于龙的另一个图腾符号。鸟是商族的图腾，"天命玄鸟，降而生商"，鸟在商的观念里是祖先，其一元神帝俊也是鸟的形象。

凤纹虽然早在石器时代的陶器上即已出现，但基本款式是在商周青铜器上奠定的，并在青铜纹样中呈现出两种形态：一种类似于原始彩陶上的玄鸟，圆脑袋生有尖钩状的喙，脑后有一束飘带似的顶翎，身体尾

凤纹

巴如鸟；另一种突出特点是凤的身躯不像鸟，而类蛇似兽，接近于鸟兽同体纹。商代凤纹直线感较强，至西周侧重曲线造型，顶翎如飘带飘舞，尾羽则像孔雀开屏，颇为华丽。

与凤纹同类的鸟纹也是青铜器上的装饰纹样之一，鸟长翎垂尾或长尾上卷，作前视或回首状。青铜器上最早出现的是二里岗期的变形鸟纹，殷墟时期已有鸟纹作为主要纹饰，而商代的鸟纹又以鸮为主。鸮昼伏夜出，很多民族都认为它是具有灵异性的动物。西周早期起鸟纹大量出现，一直到春秋时期。鸟纹包括凤纹、鸱鸮纹、鸾纹及成群排列的雁纹等，极具飞动韵流之美。

巨口鼓睛的夔龙、面目狰狞的饕餮、繁复卷曲的云雷……青铜纹饰的主体风格是凝重诡异的，而凤纹不及龙纹神秘恐怖，是青铜纹饰中最为飘逸美丽的纹样。

动物崇拜：饕餮纹、动物纹

上古时代，人类由于认识和改造自然的能力很低，处于严酷的自然环境之中，经常会感到莫名的惶惑恐惧。于是，他们发挥神奇的想象力，将自然力量拟人化、神秘化，创造并崇拜起自己的保护神。而这种神灵崇拜，在青铜器纹饰上则表现为一些上古人民心目中的神物造型的符号化。其中主要形式为饕餮纹及人兽（鸟）纹，人们用青铜器上狞厉怪异的动物纹饰"辟邪免灾"。

饕餮在商周艺术中确立了主神地位，并一直延续至近代，铺首形象则是它的变体。如果说龙、凤成为中华民族的吉祥图腾，那么饕餮就是中华民族威武的保护神。饕餮是人们想象出来的一种贪吃无厌并具有神秘色彩的怪兽，生有角、爪、尾，其实是以常见的牛、虎、羊为原型创造的。饕餮纹亦称"兽面纹"，是将饕餮变形后形成的纹饰，其纹样象征古代传说中一种贪食的凶兽饕餮的面形。饕餮均为侧身，有角，一只足，卷着尾巴，基本形状是一具正面的狰狞可怖的怪兽，并多衬以云雷纹，用于器耳或器足上的装饰。饕餮纹在二里头夏文化中青铜器上已有发现，商代至西周时常以饕餮纹作为器物上的主题纹饰，大多刻于青铜

饕餮纹

礼器之上，庄严、神秘、凶恶恐怖、气氛凝重。到了西周中期，青铜器的纹饰和样式都有所改变，饕餮纹逐渐被环形纹、水波纹所替代，宗教的神秘和恐惧被人性的意味所替代。

在青铜器纹饰中，我们常常看到几种动物或人与动物合体的纹饰，如人兽（鸟）纹，这是动物崇拜的泛化。上古人类奉动物为神灵，希望动物神灵给人以帮助，由此，在给动物造像时往往大力夸张、渲染动物身上那种让人恐惧而又羡慕的自然属性，诸如野牛的尖角、猛虎的獠牙。再后来，则将不同动物的一些形貌特征集中在一起，形成合体的动物神祇。工匠们"将主体的动物分割成相等的两半，拼成平面，再将同

饕餮纹

一动物的身体各部分予以重复；或将甲动物的一部分配合乙动物的另一部分；或夸张其身体之一部而忽略他部，由此形成各种复杂的纹样。所以，有各种奇异畸怪的形象出现。但题材都是自他们生活的环境中取出的"。中国青铜器上的动物纹、鸟兽合体纹、人兽（鸟）同体纹即是如此产生的，而人兽（鸟）同体纹相对于动物神祇而言，在一定程度上意味着人的觉醒。青铜器的动物纹其形态如下。

【蛇纹】旧称"蟠虺纹"。三角形或圆三角形的头部，一对突出的大圆眼，体有鳞节，呈卷曲长条形，蛇的特征很明显。此纹往往作为附饰缩得很小，个别作为主纹，见于商代青铜器上。商末周初的蛇纹，大多是单个排列；春秋战国时代的蛇纹大多很细小，作盘旋交连状，或以盘曲的小蛇的形象构成几何图形；或斜口、卷尾、盘曲，图案表现为传说中的一种没有角的龙。蛇纹在青铜器上出现有种种不同的含意：或作为邪恶的替代而被神或神物操持、践踏、啖食，如中山王墓中操蛇神灯；或被当作吉祥物而出现，为辟邪之神。

蟠虺纹

蛇纹

虎食人纹

【虎食人纹】虎纹多与人的形象组合在一起，虎食人的纹饰和造型在青铜器中比较多见，比如：商中期的龙虎尊，两虎共首，口下有一裸人；后母戊大方鼎的双耳上装饰着两虎相对，口中有一人头；虎食人卣，整个形象作猛虎踞蹲状，前爪攫住一怪人。这种纹样和龙食人、猛禽抓人头的形象一样，或许是以人兽为主题进行辟邪的一种方式。

无论是饕餮纹还是人兽（鸟）同体纹，兽面纹都是古人对兽和神的人形化，企图借助于想象出来的神灵强大的感召力集合力量，协助本部族与自然灾害和其他部族抗争，增强自身的安全感。周人装饰饕餮纹的目的是使人们知道贪吃必将害己，也暗含着人对猛兽恐惧万分、痛恨不已又无能为力而诅咒它们自食其果的感情成分。商代青铜器图案则是被夸张与改造过的各种动物形象，如四条腿的动物，在有的铜器图案中被改为两条腿，有的动物羽毛被代之以篆形纹等。人形和兽面结合起来，形成神灵的图纹，是人类从原始的愚昧状态向文明的过渡。

审美自觉：云雷纹、几何纹

青铜纹饰在表现神秘、恐怖和幻觉的气氛上独具魅力，反映了商周时代的图腾崇拜、动物崇拜等原始观念。但是，美的意蕴总是在自然地流露，审美意识总是在潜隐或张扬。中国上古人类的这种审美自觉，不仅表现在青铜纹饰的形式感上，也表现在纹饰题材上，如云雷纹、几何纹，即反映了先人的审美观念的苏醒和追求。

【云雷纹】云雷纹是青铜器纹饰中最基本的几何纹饰，常用来作为地纹。它的繁复、回环，在很大程度上决定了青铜器复杂而又整饬有序、生气勃勃的艺术品格。云雷纹是古老的装饰纹样，云纹如云的翻卷，而雷作为听觉形象被表达为累累如连鼓的造型艺术图式，如同车轮，也许是因为人们听见雷声会联想到车轮滚滚吧。自然中难以表形又可切实感

云雷纹

云雷纹

受强烈力量的东西便是云、雷、风、火、电，把它们以抽象形式表现出来，使之具有神秘力量的意味，构成电闪雷鸣、风驰电掣的气象，这反映出先人审美的觉醒。云雷纹艺术所呈现的观念内涵，是以雷电云雨为神明的自然崇拜，但它同时也包含着当时人们对于宇宙自然充满诗意的哲学思考。

【几何纹】青铜器纹饰中的几何纹主要有弦纹、连珠纹、乳钉纹、云纹、雷纹、蒲纹、谷纹、涡纹、网纹、三角纹等。商代早期的几何纹极其简单，有一些粗率的雷纹，也有单列或多列的连珠纹、乳钉纹出现。而金银错这一古代青铜器做金银图案纹饰的方法和精细工艺，与几何纹密切相关。据目前掌握的资料，金银错工艺是青铜工艺发展了一千多年以后，即到春秋中晚期才兴盛起来的。战国两汉时期，金银错青铜器大量出现，在人们生活的各个领域中广泛流行。而汉代是我国金银错工艺最盛行的年代。金银错青铜器多用几何纹装饰，其中以几何云纹最为多见。金银错几何云纹与以往青铜器的几何云纹不同，其主要特点是，既有几何图案所固有的严谨规则构成的骨法，又在规则中求变化。如多使用细而匀称的云纹涡线，在旋转的细涡线之间，是用较宽的面来联结的，这种纹饰富有节奏感和律动美，显得格外清新和活泼。可以说，几何纹饰的创新，是战国秦汉金银错工艺一个突出的艺术成就。青铜器上生动而有变化的纹样，如几何纹、自然气象纹等，富有想象力和装饰性，生动地显露出当时劳动人民对美的领悟和表达。

春秋中晚期，出现了人事活动纹，主要有宴乐歌舞、狩猎、水陆攻战纹等，这使青铜纹饰有了绘画的走向，更具有了美的意味。从兽面纹、动物纹、几何纹，至人事活动纹，这是美的自觉之路。

青铜纹饰的设计

青铜纹饰是一种装饰图案，是融装饰性与实用性为一体的一种美术形式。所谓装饰图案，便是人类在建筑物、生活用具、衣物上以线条和色彩点染其美，并形成有一定章法、格式及韵律的各种图案花纹。作为

水陆攻战纹

图案艺术，青铜纹饰在商周春秋时期，从艺术手法和构图方式上都大量地继承了上一个时期的纹饰，如菱纹、回纹、勾连纹等，不过线条显得僵硬死板，大约是用以喻示庄严和稳重。及至战国，因诸子百家争鸣，社会思想活跃，所以图案艺术也产生了许多新的形式，有抽象寓意的图案，也有生活场景画，图案的艺术手法也更为灵动活泼。秦统一了六国，虽然实施严酷的政治制度，但是作为意识形态的图案艺术，仍然如战国末期那样的灵动，如行云流水般轻松。这是因为，图案的绘制技法是代代相承的，它并未随着政治的改变而立即改变其形式和技术。同时，在一些图案中，先秦的那种狞厉恐怖的图案纹样仍然存在，如秦陵出土的夔纹大瓦当和铜车马上的一些图案。这同样也是当时社会生活中的严酷文化背景的反映。秦代的装饰图案，总体趋势是走向写实，追求现世与真实的生活。这时期的图案艺术普遍地使用了各种几何形来布局，其中云纹及云纹的变体——葵纹，在其图案艺术中居重要位置。但无论何种时代，青铜纹饰都是比较自觉地按照美的规律来造型的，蕴含着装饰图案设计的基本原理和规律。

具象纹饰

造型：具象和抽象

　　青铜纹饰的设计者，已经具有高超的写实能力，不少动物纹饰刻画得相当逼真生动，如雁纹。但是，作为图案，青铜纹饰太具象了不行，需要将表现对象适当加以变形和规律化，从而构成图案特有的韵律之美。青铜纹饰的设计者也很懂得简化、抽象在图案中的重要意义，将表现对象适当变形，使之规整化。

　　上古中国，人们生活在山泽原野之中，与宇宙天地及自然界奇禽异兽相接触，感受到无穷的生气与魔力。于是，他们融入自己的情感与寄托，用丰富的暗示和象征代替对与他们的生活密切相关的动植物的实际摹写，以美化、神化的方式，设计出各种各样富有寓意的图案。而其中，抽象化正是点线面的幻化之功，是形式美感的渊源。青铜纹饰的设计者往往抓住图案的主要特点，用线条揭示对象的精神风貌，把自然中最普通的图形加以抽象变形，使之在似像非像的同时演绎为别有含义的

火纹

蟠螭纹镜

回纹

符号，以最简约的方式体现要表达的寓意。运用"以一当十""言简意赅"的形式美法则，使抽象与具象相得益彰，产生圆浑往复的气量感，这是青铜纹饰在设计上的造型手法的表现。

火纹、卷云纹、云雷纹、蚕纹、蟠螭纹镜

火纹是圆涡状的纹饰，中心是一个圆圈，内部边缘饰有数条旋转的曲线。这与甲骨文的"日"字相似，太阳在古代是被看作天火的。而云雷纹更为抽象意，是青铜纹饰中最基本的几何纹。青铜纹饰中动物占主导地位，最初的饕餮纹为兽形的正面头像，体部就相当抽象、简略了。而蟠螭已是完全图案化的纹饰，那活泼流畅的曲线不再带有任何森严的色彩了，这在青铜器纹饰发展史上无疑是一次有巨大意义的改革。

青铜纹饰形式相对规范，这种源于生活、源于自然的抽象，展现的却是一种单纯和明确、夸张和变形的生动的感性之美。这种抽象成分随着人类文明的进程而日益增强，成为图案艺术的风向。这是抽象之美。

构成：节奏和韵律

构成是一个近代造型概念，其含义是指将不同或相同形态的几个以上的单元重新组合成为一个新的单元，构成对象的主要形态，并赋予其视觉化的、力学化的观念。图案平面构成是二度空间的视觉纹法，其以特有的视觉形态和构成方式，如重复、近似、渐变、变异、对比、集结、发射、特异、肌理及错视等，组成富有节奏律动之感的画面，营造一种秩序之美、理性之美。

中国青铜器纹饰的构成方法，主要有以下几种。一是列纹章法，即以一种或几种不同的纹饰为单元，以头尾相连的顺序或颠倒的顺序反复出现，构成带状的图案，一般用在器物的颈部、圈足，有着较强的节奏感和规律性，在繁缛的装饰中往往起到贯穿统一的作用。二是对纹章法，即以一条中轴线相对陈列，形状相同，方向相反，如饕餮纹的鼻梁，器物的折边、扉棱即为中轴线，其给人一种均衡、对称的美感。三是网纹章法，通常以一点为中心，大面积地绘在青铜器的表面，以蟠虺纹、云雷纹使用较多。四是散纹章法，不讲究对称，不围绕一个中心，构图比较活泼自由。五是浮雕章法，这种浮雕式纹饰与器型相配，并往往与平面纹饰连缀成有机的整体，如：将器物提梁塑成龙形蛇形，将器物的盖塑成鸟形兽形，在器物的角部加以浮雕式的神异动物的头部，浮雕部分为动物的头而平面部分为动物的身子。这种章法要考虑到器物的形状、体外轮廓线的变化，做到"因地制宜"，这实际上就是雕塑的表现手法。

商代乇鬼方鼎上的对夔立肩饕餮纹，乍一看是一个狰狞恐怖的兽面，再看，是左右两只夔龙相对而行，龙角与兽眉共用，龙尾与兽耳共用，中间由凸起的鼻脊相隔，运用了共用形，是最早的立体与平面相结合的远古图徽。这一构成即为浮雕章法的运用。

这些章法形成了图案的基本构成形式，如单独纹样的对称与均衡，适合纹样的形体适合、角隅适合、边缘适合，连续纹样的二方连、四方连。这些是青铜纹饰构成的具体手法。构成就是一种视觉引导，构成形式中重复、近似表现了一种整齐、秩序；渐变、发射、对比等则常表现出一种炫目的视觉美感。韵律和节奏就是这种有规律的变化造成的。

当然，青铜纹饰的设计还有一些其他法则，如图底的关系（主纹与地纹的关系等）。中国青铜器纹饰就是这样凭借着简单的物象，以点线面的伸缩、迂曲、回环，呈现出秩序之美，它是人类最早按美的原则成功地改造自然图案使之成为生命形式的范例之一。

青铜纹饰的演变

青铜器的纹饰或庄严神秘，或富丽丰满，或精巧华美，或抽象简约，其样式的演变必然要受到所处的时代特点的影响，并呈现出一定的发展脉络和走向。

青铜纹饰题材的演变

商周时期，青铜器的纹饰主要源于仰韶文化的彩陶，在当时的社会意识形态下，先人沿袭陶器的原始纹样，创作出许多象征上帝鬼神的神异形象，诸如龙、凤、饕餮、夔之类的纹样。有些纹饰具有原始的神话性质，有些则直接反映了当时的物质生产和社会生活的某些特征。当时，天神主宰一切的思想意识占据主导地位，动物对人具有神奇力量，而人则是被动的。那种对自然的无奈、恐惧与敬畏，使得人们期盼神力的庇护，甚至把自己想象为某种猛兽，刻画兽身人首或人身兽首的形制、纹饰。这使得青铜器的纹饰大多是狰狞恐怖的神兽。这时期青铜器纹饰中人形纹饰极为少见，偶尔出现时也仅处于被动的地位，而饕餮纹常常构成全部装饰的中心，令人望而生畏。这些狰狞恐怖的纹饰是人类对命运的恐惧心理在器物装饰上的投射，对异族是恐怖的化身，对本氏族则是战胜恐惧的符号。

随着生产力的发展，人类运用智慧、工具与猛兽斗争，进入了人寻兽而猎的时代。这一时代特征反映在青铜器装饰上，表现为前一时期占主导地位的饕餮纹、夔纹数量减少，面积缩小，动物纹饰趋于程式化，纹饰由庄重的饕餮纹、夔纹到富有韵律的窃曲纹、环带纹、几何纹，再发展为清新的蟠螭纹、宴乐攻战纹。动物纹饰狰狞的超自然魔力逐渐减弱，直至丧失。青铜器装饰中动物纹虽然仍然保存，但已不再具有怪异的力量，或被现实动物纹、人物纹或几何图案替代，或取诸常见的鸟兽等物，或近取诸人类。西周中期以后，中国社会奴隶制转向衰落，奴隶主阶级地位被削弱，因而装饰纹样风格也失去了前代威严雄健的气势。而秦统一体制，在文化上产生了重要作用，中华民族宏伟的气势力量开始体现出来。到了汉代，工艺美术出现了前所未有的繁荣，铜器制作非常注重实用，这一时期的装饰出现了花卉植物纹，反映出人性觉醒以后对自然的热爱以及生活情趣。而秦代以云纹作为图案的主旋律，几何纹样如菱形、方形、圆形等已普遍存在。

商代殷墟出土的父辛尊正面描绘头部的兽面纹，巨睛直视，显示一种威力，在商周青铜纹饰中最为普遍。宋代以来，人们把这种兽面纹称作饕餮纹，它是一种被神化的、幻想出来的、具有某种威严的神秘意义的形象，和原始的图腾崇拜有一定的联系。在这幅兽面纹的左右下角各配置一小凤鸟纹饰，形态生动有力。

青铜纹饰风格的演变

商代和周初青铜彝器，是酒器的组合，尤以祭祀用器为主。不难设想，青铜彝器怪异的纹饰把人置于恐惧与威严之下，在祭祀的烟火缭绕之中，巨睛凝视、阔口怒张、瞬间即可咆哮的动物纹饰，有助于营造严肃静穆、诡秘阴森的气氛，产生震撼人心的威慑力，并充分体现统治者的意志、力量。这时期，青铜器上常见的图案有蟠螭纹、饕餮纹、凤鸟纹、蝉纹等抽象变异的动物纹样和雷纹、涡旋纹、云纹等几何纹样，显现出狞厉之风。

西周中期至东周初的青铜器则以礼乐器为主，用于"明贵贱，辨等列""纪功烈，昭明德"。青铜器饕餮纹饰已退居次要地位，装饰形式也与前期的单独式和对称式不同，多运用二方连续的带状纹样，常常一个母题织成带状的连续、反复，整齐中求变化。这种一唱三叹的形式，给人有条不紊的节奏、韵律之美。这种风格，和礼制观念强调等级与秩序密切联系，也与《诗经》叠章法的表现形式相似，于反复中强化主旨，加强感染力。此时，青铜纹饰风格趋于条理化、秩序感。

春秋战国时期，随着社会思想的转变、人性的张扬、神性的衰落，其青铜纹样扫除了早期魑魅神怪的阴沉形式，取而代之的是清新、明快的风格。此时，政治变革和学术争论空前繁荣。青铜器的应用是钟鸣鼎食的组合，已然失去了彝族器物和礼器的特征，并朝着日常使用的方向发展。青铜器不仅按照人们的尺度进行设计，而且在装饰上也与前一时期的简明和朴素相反，趋于精致、繁茂、灵动和新颖。奇怪的饕餮图案不再存在，因为它不适合装饰日常生活中使用的器皿。取而代之的是各种蟠虺纹以四方连续图案的形式相互交错和重叠，就像当时诸侯国之间的政治和经济纠葛一般。这一时期频繁的战争也使人们的注意力从自然转向了人类社会及其自身的命运。因此，在青铜器装饰上，社会和人的内容、主题通过独立的构图得以表达，如宴乐、攻战和采桑等。这些独立的图案生动，表达力强烈，装饰感强。

青铜纹饰技法的演变

新石器时代陶器上的装饰图案，如青海柳湾出土的舞蹈纹陶盆的人形图案、半坡的人面鱼纹盆、郑州大河村出土的太阳纹陶片等，已经形成了一定的形式结构和秩序。如二方连续格式的运用，图案中重复、排比、条理、节奏等美的形式，以及虚实相间、阴阳互补的关系，这些构建了图案设计法则的一些基本规律。

人类进入阶级社会以后，凝重厚朴的青铜文化的迅猛发展，使装饰

水陆攻战纹

艺术也进入了一个新的发展时期。此时，青铜纹饰的装饰目更加明确，效果更加突出，图案从装饰器物的某一局部到遍饰全身，手法也由平面向立体半浮雕发展。青铜器上的纹饰，多主纹与地（底）纹相结合以显现纹饰的立体层次。商朝时期，主纹以饕餮纹为主，采取对称原则，由两个独立的动物侧面合成一个动物的正面，现代学者称它为兽面纹；地纹通常以云雷纹为主，然后在突起的主纹上再刻阴线纹，从而构成了三个层面的纹饰面，呈现出参差响应的层次美。这种以细密的地纹衬托粗犷的主纹的构图，更加突出了主体纹饰，丰富了装饰语言，使器物显得庄重大气、森严恐怖，显示出一种无形的社会力量，真实地反映了那个"如火烈烈，则莫我敢曷"（《诗·商颂》）的野蛮时代和当时人们的宗教意识与审美情趣。西周初中期，以对称为原则的鸟纹成为装饰主纹，西周晚期以后，环带纹、鳞纹与波浪纹等取代了以动物为主体的纹饰，表现方法打破了对称的布局，改以连续的环状或带状纹饰围绕器身，春秋中期以后以几何化的上下交错的兽带纹为主；至于配合主纹使用的地纹，商代以云雷纹为主，西周中期以后花纹转疏，渐不施地纹，春秋中期以后，始又有谷纹等为地纹。

　　春秋战国时期，圆润柔和的曲线代替了方折挺拔的直线；颇具动感的格式代替了拘谨刻板的格式；二方连续纹演进成四方连续纹，还出现了金银错及线刻工艺。一种做工精细的线刻装饰画出现了，它以锐利的铁器刻画纹饰，或纤细，或雄壮，或飘逸，或宏丽，场面宏大，人物众多，形象生动，极具美术旨趣，其代表作品有水陆攻战纹鉴和宴乐渔猎攻战纹壶等。这种线刻工艺运用流畅的线条，巧妙地将绘画与雕刻形式融为一体，直接影响了秦汉画像砖石的产生和发展。

　　秦代继承和发扬了传统的装饰手法，其装饰图案多表现在建筑物上，如瓦当、花纹砖、咸阳宫的壁画。这一类图案最为多样，品类众多。例如，瓦当有柿叶纹、云纹、涡纹、房屋树木纹、鹿纹、虎纹、豹纹及各种猎兽纹，同时还出现了文字瓦当及各种花纹砖。这是对上一代艺术的直接或间接继承，如马家窑文化的旋涡纹、曲线纹、蛙纹等；辛店文化的蜥蜴纹向窃曲纹、犬纹转变；秦代的装饰纹样反映了良渚文化的彩陶和玉器上的兽面纹样。商周青铜文化和战国漆器中普遍使用的云纹、夔龙纹、云雷纹、菱格纹等更是直接影响了秦代的装饰风格。秦朝的纹样美观大方，像秦陵的鼎纹，流畅如丝线。越来越多的四方连续格式的应用，使图案艺术有了更大的发展空间，彩绘图案也在日益发展。可以看出，图案艺术发展到秦朝已经成熟并大致定型。秦代图案艺术的定型也反映了这一时期文化融合的缩影。秦代的文化融合也影响了图案艺术，一方面，它从构图和纹样上继承了传统纹样的基本原理和技法，特别是战国时期的装饰风格；另一方面，它也融合了时代发展的诸多因素。秦代图案艺术的定型起着承上启下的作用，是秦代专制政权整合后自然设定的图案艺术创作的基本规范、基本形式和基本图案。同时，秦代的图案表现出欢快、明快、宽广、深沉、华丽的时代特征，装饰追求完美和美丽，这也是秦代艺术的整体风格。文化传承既有循序渐进的方式，也有跳跃式的方式。秦朝定型后，图案艺术的基本特征对后世产生了深远的影响。汉代的图案艺术大抵因秦，可以说，从汉到今，图案艺术的基本方法，从构图到纹样，虽然有所不同，有时还相差很大，但是一些基本纹样、基本布局和格调并没有多大的改变。这种图案的演变，使青铜纹饰的形式由写实的具象向写意的抽象发展，变得更加精美、规范有序了。

青铜器及其纹饰，随着其所负荷的政治、宗教意义的丧失而改变。当虔诚的心理与特定的崇拜观念不复存在时，以饕餮纹为代表的神秘、狞厉的动物纹饰便失去了赖以存在的基础。人与动物关系的变化及青铜器功能的变化，都对商周青铜器纹饰演变产生了重要的影响。此外，商周青铜器纹饰的演变还与装饰艺术自身的发展规律有关，与工匠的创造心理及使用者的欣赏趣味等多种因素相联系。

中国的装饰纹样已有 8000 年左右的历史，在漫漫的发展过程中，纹样实际上形成了三种发展的形式和方向：一是与语言结合，成为语言的表达形式，发展成文字；二是脱离对器体的依附进入平面构成，演变发展成为绘画；三是继续在器物的立体形构上作为装饰，并走向建筑等更为广阔的装饰领域。而青铜纹饰即是其源头之一。

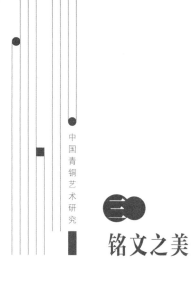

三 铭文之美

　　金石之迹，钟鼎之文。铭文，又称金文、钟鼎文，是或铸或刻或錾在青铜器上的文字。当中国文字中最早的甲骨文随着殷亡而消逝时，金文便取而代之，成为周代书体的主流。铸刻于礼乐钟鼎之上的铭文多为记事或表彰功德，在内容上具有重要的史料价值，在形式上是书法艺术的渊源。青铜器铭文也是古文字学研究的一项重要内容，由于其字体、布局、内容随着时代发展而发生变化，因而是青铜器断代的依据之一。

铭文内容：史记之精

金文是"吉金文字"的简称，古人以祭祀为吉礼，祭祀用的青铜礼器称为吉金。上古时期人们对钟鼎彝器非常重视，所以在上面铸上政令、契约，诸侯贵族还常铸上他们光荣事件的一些文字作为永久纪念，这些青铜礼器、青铜兵器、货币、符玺等上面铸的铭辞、款识等文字称为钟鼎文。镌刻在青铜器皿上的金文铭功记事，往往同它的物质载体一起，产生出一种震慑人心的历史力量和气概。这种特有的社会记事方式，正是通过青铜器铭这些"有意味的形式"得到反映和表现，从而具有竹简般的史书性质。

家族印记

据考察，商代铜器上已刻有近似图画之金文，其后继续演进，至商末之金文亦与甲骨文一致，此后金文至周代而鼎盛，绵延至秦汉而转篆文。目前，我们所见考古发掘出土的有铭青铜器中，以殷代即商晚期为最早，可见当时在青铜器上铸铭尚未形成风气。商代晚期，铭文多为族氏铭文，即铸刻家族之名号，用以表明作器者之主属；或在氏族名号外同时铭有本家族死去先人的"日名"（以十天干，即甲、乙、丙、丁、戊、己、庚、辛、壬、癸，接在"祖""父""匕""母"等之后），表明此种器物是该家族的贵族专为祭祀具有这一"日名"的先人之祭器；或铭铸有作器者名。此时期，铭文字数一般只有几个字，也有少数铭有较长的铭文，但时间已到了殷代晚期。此时金文可谓"言短意深"，显示出一种宗族组织的谱系关系，反映了当时商人的家族形态、家族制度与宗教观念等重要问题。

史实之铭

西周之后，长篇与较长篇的铭文多了起来，内容关系到西周初期的许多重要史实及当时的官制、军制、战争、政治、封赐等重要史件，如西周青铜器中赫赫有名的重器之一毛公鼎，作于西周晚期的宣王时期，内壁铸有多达498字的长篇铭文。其内容是周王为中兴周室，革除积弊，策命重臣毛公，要他忠心辅佐周王，以免遭丧国之祸，并赐给他大量物

毛公鼎铭文

品。毛公为感谢周王，特铸鼎记其事，并且此时铭文中还出现了韵文。春秋时期，周王室衰微后，列国自立，国内卿大夫室家兴盛。与这种政治形势相适应，青铜器主要是各诸侯国及各国内卿大夫所制，因此这一时期金文多反映诸侯、大夫之社会活动与其典章制度，无论是内容还是形式均表现出浓厚的地域性，从而形成了前所未有的丰富多彩的局面。如出土于河南辉县的赵孟庎壶，其铭文记载了公元前482年晋定公与吴王夫差黄池之会。而目前我们能见到最早的错金铭文青铜器栾书缶，器高48.4厘米，素面，颈至肩下，有错金铭文5行共40字。铭文大意是：在正月季春，栾书作此器，用以祭祀祖先，希望长寿，子孙永宝用。此外，由于历史背景发生了上述变化，自春秋早期开始，西周晚期金文中常见之有关廷礼、册命内容的铭文即已不复见。

物勒工名

经过春秋中晚期长时间的动荡，战国时期，社会政治、经济形态的演化均发生飞跃，社会结构的各个方面都呈现出一种新面貌。这种形势反映到青铜器铭上，铭文的内涵相对春秋时期亦有很大的变化。战国中期以后，随着集权政治的进一步发展，政府对于兵器、度量衡相关联的手工业加强了控制，使铭文载体大为扩展，同时在铭文中出现"物勒工名"（《礼记·月令》）的内容，记载负责监制青铜器者的官职名号、工长名与直接铸作器物的工匠名等。有的酒器、食器还记有器物置用地点与掌管者官职。例如，战国中晚期，三晋兵器刻辞往往在开首纪年后依次记三级职名、人名。齐国兵器铭文主要是铸铭，不记监造者与工匠名，内容主要有两类：一类是标明铸造兵器地点之地名，作"某地戈"之形式；二类是标明兵器之器主，即使用兵器之军事武装的统帅，多为陈侯（即田齐国君）及诸卿大夫贵族，言"某某戈""某某造戈"。

无论族氏铭文还是"物勒工名"铭文，无论商周铭文还是春秋战国铭文，正如郭沫若在《两周金文辞大系图录考释》序文中所言："说者每谓足抵《尚书》一篇，然其史料价值殆有过之而无不及。"青铜器的历史价值主要由铭文来体现。我们知道，商周时代距今已很遥远，由于历史的变迁，那个时代遗留下来的文献极少，只有《尚书》《诗经》和"春秋三传"等书，就是这仅有的一些书籍，经过历代传抄，也已不是原来的面貌，因此要想根据这些资料对上古历史有比较真切的认识是很困难的。而青铜器铭文，特别是篇幅比较长的铭文，是当时人们现实生活的反映，没有经过后世的修改，保留了当时的真实面貌，因而具有极高的史学研究价值。

铭文形式：金石之韵

金文继承甲骨文，在相当一部分中甚至保存着比甲骨文更早的写法，但在同时，又以飞跃的形式为汉语言文字的发展奠定了坚实的基础。其以龙蛇之迹，尽传书法金石之韵。

大盂鼎铭文

金文之龙蛇之迹

金文起于殷商，殷商铭文和甲骨文相似，因为是金属铸成的文字，所以笔画较甲骨文粗圆，形体也略较方正，其表示人体、动物、植物、器物的文字，在字形上有较浓的象形意味。如取人体形象的文字，头部常作粗圆点，腿部作下跪形状，并且绝大多数笔画浑厚，首尾出锋，转折处多有波折，字形大小不统一。其铭文行款一般是自上而下，自右而左，竖虽基本上成行，但横却不成排，布局亦不齐整。自殷商而入西周，早期多数铭文排列较为规整，不仅竖成行，而且横也成排，在总体较整齐的情况下显出个别的不整齐。此阶段铭文主要有两种字体形式，或笔画仍显浑厚，有明显的波折，部分笔面仍作中间粗两头尖形，如康王廿三年之大盂鼎铭文；或一改过去较浑厚、豪放的书风而为规整、拘谨的书风，多数字笔画均匀，但仍有一些字点画上作粗肥笔，似仍具前一时期遗风。西周中期，铭文的象形性已甚弱，部分器铭基本上沿袭前期出现的那种小而规整、拘谨的字形，总体显现出一种整洁的风貌。此种风格的铭文可见于共王时的墙盘铭文。西周晚期铭文，布局工整规范，横成排，竖成列，在少数器铭拓本上可看到清楚的长方格，表明当时在制范时是采用先画格后作字的方式。此一时期，字形特征较明显，普遍为长方形，字形大小相近同，笔道绝大多数为细劲均匀的线条，因而字形典雅，行列整齐，总体上显得庄重、肃穆，如夷王或厉王时期的大克鼎铭文。此种金文字体旧或称为"玉箸体"。

至春秋时期，列国铭文在形体上均已形成较鲜明的特色，而且不同地理区域，甚至区域相邻的不同国家间的金文也有了较大的差别。如蔡、许、徐、楚、吴、越等南方列国金文，大致有三种形式：其一，较为随意的字体，亦可称为手写体或俗体，特点是字形长方或较瘦长，圆笔较多，稍显粗犷，笔画多拉长，末端弯曲，文字大小不一，布局亦不甚规整，如楚王子申盏铭文；其二，较工整的艺术型字体，其字形颀长，笔画细劲，竖笔挺直，撇捺多迂曲，并列笔画喜作平行蜿蜒之态，带有很强的修饰性，如吴王孙无壬鼎铭文；其三，特殊的图案化字体，即所谓鸟虫书，常以错金形式出现，融文字与鸟形为一体，似书似画，高贵而华丽，富有装饰效果。第三种文字至汉代礼器、汉印、唐代碑额上仍可见。战国铭文，诸

栾书缶铭文　　**107**

侯列国各具风采，如：从原晋国分化出来的韩、赵、魏三国，器铭中字形规整的一类，以洛阳金村东周墓葬出土的骉羌钟铭文最著名，铭文结体长方匀称，笔画圆转、细劲，郭沫若曾谓之"规旋矩折，而逼近小篆"。其端庄、舒朗的风格亦与凝重的齐国金文形成一定的差异。南方的楚国，金文字体由颀长的形体特征而变扁平，笔画流畅多弧，与同时期的北方金文大相径庭。秦金文与当时东方及南方诸国金文在字形结构与书体上均有比较明显的差别。甘肃天水出土的秦公簋铭文即是本阶段秦金文的代表，书体结构较为严谨方正，字形更加规整，且在笔法上改圆转为圆折之笔，这说明秦金文字体在春秋中期开始更规范化，渐接近于小篆，为篆文的出现奠定了基础。

金文之书法风格

金文是商周时期刻铸于青铜器上的铭文，同刻在龟甲或兽骨上的甲骨文一样，具有人类童年的气质，还保留着较为浓厚的原始造型的古意，散发着一种原始、天真、拙朴的气息。从风格演变角度来看，金文书法大致可分为三个时期：殷商至周初时期的金文，字形小而整齐，笔画减瘦，大体上纤细而缺少变化；西周中期至平王东迁时期的金文，则疏密平衡，雍容典雅；春秋战国时期的金文则大多体长画细，形成小篆的风

攻吴王夫差鉴

格了。金文书法不同时期的作品具有不同的风貌，商代铭文，或图形象物，奇趣盎然；或骨骼清奇，劲健挺拔；或雄浑豪壮，丰腴肥硕。西周早期铭文，或质朴平实，或峻峭凌厉，或秀雅轻灵，或雄奇瑰丽；西周中期铭文，或宽舒潇洒，或工整秀丽，或浑厚端庄，或刚柔相济，或草率疏放；西周后期铭文，刚柔相济，遒丽健美；东周铭文，风格多元化，趋向纤巧柔弱，飘逸轻灵，如鸟虫篆书、错金篆书。但总的来说，具有如下几个特点：

一、线条有粗有细，有方有圆，有直有曲，

墙盘铭文

变化自如，形成丰富的对比，具有强烈的节奏感；二、字形有大小宽窄、取势有欹正缓急、结体有疏密虚实之讲究；三、布局参差错落、跌宕起伏，有"满天星斗"之妙趣，富于装饰意味。从金文的这些艺术特质来看，早在周代，先民们就有了对书法美的自觉意识和追求。

可以说，端正雄浑的西周为金文之黄金时代，此时出现了各个王政时期的代表作品。如以西周恭王（也有写成共王的）时期（前 922 年—

前 900 年）墙盘铭文为例，可看出西周中期金文特点。盘是盛行于商周时期的一种青铜器盥洗用具，上面多铸有铭文。墙盘铭文，出土于陕西省扶风县。铭分两段，前段称颂西周六世先王及时王的业绩，后段列史墙家史，铭为史墙手笔。这种铭文已具有下列特点：一、笔画圆匀，起笔、收笔、转笔多为圆笔，这为以后篆书用笔打下了基础；二、字的结构比周初金文更加紧密平稳，字形也比较有规律性，为以后的文字统一奠定了基础；三、章法上比较讲究字距行列，有的严整规矩，有的显得疏朗开阔。

金文之书法地位

中国先秦伏羲氏时期，就产生了文字——刻在龟甲、兽骨上的甲骨文，因其用以占卜、预测吉凶祸福，故称"卜辞"。此字体已具备中国书法艺术的基本要素，如用笔、结构、章法等。商周时期，铸刻在钟鼎彝器上的金文广为流行。据统计，金文约有 3005 字，其中可知的有 1804 字，较甲骨文略多。传世的青铜器铭文，体现出中国的书法艺术审美的觉醒，具有很高的书法艺术价值。秦始皇大一统后，"小篆"体出现。

所谓的篆书是一种标准化的公文通用字体。据文献记载，秦朝以前的汉字没有专门的名称，而小篆是从春秋战国时期的秦国文字逐渐演变而来的。标准篆书的字体排列整齐，笔画圆润，线条工整而长，呈现出庄重优美的风格。与甲骨文、金文相比，小篆具有一些基本特征：造型纤细，紧画，向下延伸，形成密上疏下的视觉感受；线条是对称的，无论点画的长度如何，笔画的厚度都是一致的；笔触的力度和速度流畅，给人一种纯朴的美感。汉魏时期，秦篆书多只用于铭文、印章和器皿之上。此后，随着宋代金石研究和元代复古书法风格的研究，篆书的使用已经能够掀起一股浪潮，并且有许多人以写篆书闻名。明代继承元代的书法传统，风格平淡，清代篆书百花齐放，进入推唐超秦的鼎盛时期。

追寻三千年书法发展的轨迹，我们可以清晰地看到：金文流传书迹多刻于钟鼎之上，所以大体较甲骨文更能保存书写原迹，具有古朴之风格。金文上承甲骨文，后接小篆，是汉字演变史上重要环节，在中国文字学的研究上占据着重要地位。中国语言文字从原始的形态开始，汉字的形体笔画、笔势不断演变而形成不同的字体，各有名称。按其时间顺序来说，就是甲骨文、金文、大篆、小篆、隶书、楷书、草书、行书等。其中，金文是汉字形体演变的一个重要环节，起了承上启下的作用。它在笔法、结字、章法上为书法的进一步发展做出了重要的贡献，是中国书法史上不可或缺的环节。

铭文艺术：飞动之美

铭文是中国书法艺术之范。书法的形式来源于自然的意象，"夫书肇于自然，自然既立，阴阳生焉，阴阳既生，形势出矣"（蔡邕《九势》）。自然界中最简单的两条线，或阴或阳，或刚或柔，或上或下，是人类生命意识的体现。书法作为艺术，是对生命的比拟和象征，它用那些宛转反复的线条，对自然物的运动形态进行摹写，并将自然生命的形态最终凝结于那些隶书、草书、行书的线条中。因而，宗白华认为，"中国的书法，是节奏化的自然，表达着深一层的对生命形象的构思，成为反映生命的艺术"。铭文书法正是如此，通过笔墨、结构和章法，表现人们对宇宙及人生的理解。

象形：物象之美

汉字自象形始，在字的笔画、结构和章法里，就显示出自然形象里面的骨、筋、肉、血的关系，并渐渐代之以抽象的点线笔画的构成。汉字书法的美建立在从象形基础上演化出来的线条章法和形体结构之上，其自甲骨文便开始了这种美的历程，发展至金文时，由开始的图画形体发展到后来的线的着意舒展，由开始的单个图腾符号到后来的长篇的铭功记事，较明显地表现出对这种书法美的有意识的追求。金文之后，汉字作为审美对象的艺术特性便更加突出地独立发展开来。

在青铜铭文中，象形字如"鱼""山"等，几乎就是对实物的写生，比较具象，类似于图画；而以象形字为基础的会意字，较为抽象，但

天亡殷铭文

大致轮廓和神韵还是图画象物，如"食"描绘的就是两个人席地而坐，面对一个类似于鼎的东西。传说仓颉造字时，"仰观奎星圆曲之势，俯察龟文鸟迹之象，博采众美，合而为字"，由此，从金文的字形中，我们可以惊喜地看见物象之美。那是字形所指示象征的自然事物之美、社会事物之美；那是化物象为艺象的创造之美；那是想象丰富而又朴素稚趣之美。

线条：笔致之韵

书法是线条的艺术。飞动的墨线作为文字的构成，具有符号的指意功能，但是在审美中，已不是作为文字结构供人解读，而是作为纯粹的线条来供人观赏，让欣赏主体感受到生命的力量和韵律。线条的长短、大小、疏密、朝揖、向背、穿插等，让书法中的性情美、笔意美从中流出来，其卷舒之际、轻重之间给人以微妙变化的美感。从形到线的历史过程中，人们不自觉地创造和培养了比较纯粹的美的形式和审美的形式感。大千世界中的节奏、韵律、对称、均衡、连续、间隔、重叠、单独、粗细、疏密、反复、交叉、错综、一致、变化和统一等形式规律，已逐渐被自觉掌握和表现应用。而线条之所以拥有生命感，是因为它是人类的生命意识的一种抽象物，任何形态的线条都积淀着人的某些意识和情感，体现于种种的线条和笔法中，既是心中的韵律，亦是心灵所直接领悟的物态天趣。

铭文的书体主要是大篆，笔画看起来简单，只有点、画，没有撇、捺、钩、折、挑，但就是凭这些简单的线条，却形成了大篆特有的圆润通畅、遒劲浑厚之韵，那是惊蛇走虺之美。大篆线条的"圆"在于圆匀，不仅线条边缘甚少毛刺，头尾不见飞白，粗细肥瘦大体差不多，显得饱满、匀称、整饬，而且线条婉转通畅，线条与线条之间互相连缀贯通，常给人一种舒徐有致、荡气回肠之感。此外，大篆起笔和收笔都不使笔锋外露，行驻之间，筋骨力含，呈现出力的韵律。当然，青铜铭文中也有极少数方笔意味或接近隶书的笔法，更使金文显出刚柔相济之妙。例如，西周散氏盘为西周后期厉王时代的青铜器，其铭文结构奇古，线条圆润而凝练，因取横势而重心偏低，故愈显朴厚，其"浇铸"感很强烈，表现了浓重的"金味"，因此在碑学体系中，占有重要的位置。现代著名书法家胡小石评说："篆体至周而大备，其大器若《盂鼎》《毛公鼎》……结字并取纵势，其尚横者唯《散氏盘》而已。"

神采：意动飞扬

书之妙，神采为上，形质次之。公元 5 世纪，王僧虔在《笔意赞》中首次提出神采论。所谓神采，实际上是书法家流溢于笔墨点画之间的一种态度，或者说一种寄托在字里行间的精神状态。形神论作为一种表现方法，是将一物象通过精熟的技法"应物象形"，充分地表现出自然物的神态和气韵。神采论的建立，强化了书法艺术的抽象意味，说明书法作为艺术所创造的不过是人们利用这样的形式所表达的主体精神状态而已。这是一种意动飞扬的空间，笔画线条之间存在着力的纯粹关系，平衡、倾斜、夹持、扶助、打击、依靠等。这些关系在心理上给人以不可估量的影响，生活中的一切体味、感叹，乃至心灵深处最微妙的颤动，都有可能流泻于柔软的笔毫间，成为精妙的心灵痕迹。

青铜铭文，最突出的神韵是它充溢着稚拙天真的朝气，笨拙的用笔却奇趣盎然，歪斜的结体却一派天真，而行气布白的错落有致中又有着朴实遒劲、深厚沉郁的历史意味。这是稚拙与古朴的统一、轻灵与劲健的统一、飘逸与凝重的统一、错落与整齐的统一。例如：大盂鼎是西周康王时期的著名青铜器，内壁有铭文，多达 291 字，为西周青铜器中所少有。其内容为：周王告诫盂（人名），殷代以酗酒而亡，周代则忌酒而兴，命盂一定要尽力地辅佐他，敬承文王、武王的德政。其书法体势严谨，字形、布局都十分质朴平实，用笔方圆兼备，具有端严凝重的艺术效果，是西周早期金文书法的代表作。

书法艺术以一种艺术中最抽象、最单纯的形式，充满了生命的动感的线条，简洁、深刻、富于想象力地体现着人的生命本质。

中国古代青铜艺术大致包括器物造型、花纹装饰、铭文书法、铸造工艺四个方面，其中花纹装饰、铭文书法虽说是构成完整的中国青铜艺术必不可少的部分，但它们毕竟是依附于器物之上的，没有器物，它们也就不复存在了，因此器物造型是青铜艺术的基础。青铜器是青铜艺术的创造，也是青铜艺术的载体。青铜器的造型之美、纹饰之美、铭文之美，已成为现代艺术创作、设计创作的重要语汇之一。

散氏盘铭文

第 五 章

中国青铜艺术造型

重器：礼乐中国　融通天下

"国之大事，在祀与戎。"青铜曾在远古中国专门用于制造礼器和兵器。祭祀和军事是权力的两种类型，曾与传统礼乐文化一起，赋予了青铜社会价值。无论是酒器、食器、乐器、兵器，还是用于度量的衡器，这些青铜器具都以某种特定的形式，使自身与日常器具区别出来，体现出某种超乎日常经验的意义，展现出作为礼器所具有的神圣的、非尘世的品格。青铜礼器就是用贵重的材料模仿平常物品，通过外形的表意性、装饰的象征性等，完成了从功能性到符号化、从实在到抽象的转变，呈现出礼仪美术的特征。

礼乐器：钟鸣鼎食

在夏、商、周时代，青铜器不仅为王室贵族占有，而且是他们统治权力的象征，贵族在祭祀宴飨仪式中要按照身份等级使用青铜器。当时制作的青铜器，无论是盛酒器、饮酒器，还是煮食器、盛食器、盛水器、取水器和乐器，大多是身份地位的象征，往往用于祭祀、占卜、战功、册命、赏赐等场合，因而具有纪念性和仪式性的意味。书载"王孙满论鼎"事即是对此的说明：公元前606年，楚庄王在周朝边界阅兵示威，周定王派大臣王孙满前往楚军。楚王问周鼎轻重大小。因当时的周鼎是王权的象征，至高无上，他人是不能问津的。王孙满识破了楚庄王的企图，严正回答：周室统治，在德不在鼎。现在周王权力虽然有些衰落，但天命未改，别人无权过问鼎的轻重大小——这样的青铜器的功能就存在于体现和巩固社会关系中。为了加强统治，西周形成了一套完备的礼乐制度，以明辨贵族尊卑，维护天子的合法地位，并贯穿了整个周代。这套礼乐制度以青铜礼器为载体，主要以食器的鼎、簋和乐器的钟、磬为组合，体现了"明尊卑，别上下"的核心要求。

青铜礼器的艺术风貌，主要表现在器形与纹饰的构成上，显示出浑朴、庄重、瑰丽的气质，具有威严、神秘的气氛。如商代晚期的青铜鼎，以厚重的造型、神秘的纹饰给人留下那个时代所特有的神圣、庄严、富于威慑力量的印象。其两耳三足五点式布局为古代匠师经过长期的探索，找到的最理想的对称、平衡的造型样式，鼎体的稳定厚重感与作为奴隶主权势象征的制作目的达到了统一，显示了工艺美术的基本装饰原理和美学法则，给人以神圣不可动摇的印象。与三足对应的鼎腹部往往饰有凝重的兽面纹，以回形纹、云雷纹衬地，形成主纹与地纹的对比。主纹之上再饰以其他纹饰，如兽面的弯角、眼睛等。无论从正面、侧面还是上方、下方任何一个角度观赏，人们都会为其神异纹饰所形成的诡怪肃穆的气氛所震慑。其具有一种端庄稳重、雄视一世的气魄。

青铜乐器也是重要的礼器。周公制礼乐定天下，乐就是施行王权教化的一种重要手段，它能够节有度、守有序，是周朝盛德的象征。周代的音乐与政相通，不仅是单纯的音乐，更是礼制的体现，乐器也属于礼器，成为贵族地位的象征。在中国，乐与礼并列，地位很高，在重大的礼仪场合，必须要有音乐伴奏。中国古代乐器按照乐器材质的不同，可分为金、石、木、丝、匏、革、竹、陶八类。其中，金指的是金属，主要是指青铜乐器，因为在许多金属中，铜的发音最为清脆、悠扬。九连墩1、2号墓出土了编钟、编磬、建鼓、琴、瑟、笙、竽、篪、枳、虎座鸟架鼓等90余件乐器，是楚墓发现乐器最多的一批，它们不仅表现了楚贵族的奢华生活，也体现了楚人对音乐的浪漫情怀。在已经逝去的青铜时代，在宫廷的祭祀中、欢乐的宴飨中，到处可以听见回荡的乐音，看见种种乐器的身影。今天，我们观赏精美的铃铎鼓磬，聆听庄严的黄钟大吕，仍能感受到一份宁静致远的沉稳，一种恢宏磅礴的力量。

这种青铜器的纪念性意义在周代以后，随着青铜时代不再而没落，被奢靡的艺术风格所代替，一些缺乏宗教意义的器物开始涌现，象征王权神威的青铜器从庙堂走向了民间。在古代，青铜礼乐器往往运用于执政和举行重要仪式的场所，与宗庙、宫殿等特定建筑物密切相连，属于礼仪形式综合体组成部分之一。随着青铜礼器的式微，纪念性建筑代替了礼器，成为表达新的政治和宗教权威的法定形式。从三千年时光中出土的青铜礼乐器以斑驳的铜锈绿，呈现出"废墟"之美。今天，当我们瞻仰商周青铜礼器时，那种审美体验正如英格尔·希格恩·布罗迪所说："理想的废墟必须具有宏伟的外形以便显示昔日的辉煌，但同时也要经历足够的残损以表明辉煌已逝。废墟彰显了历史不朽的痕迹和不灭辉煌的永恒，也突出了当下的易逝和所有现世荣耀的昙花一现。"也许青铜礼乐器就是一种关于不朽的艺术。

铜币：天圆地方

货币是人类社会经济活动中不可或缺的一种金融工具。我国古代的货币史，实际上就是铜币史。中国古代以铜铸币，因为铜是作为一般等价物的最理想的物品，同时铜的质地使它成为制作货币的最适宜的材料。由此，铜币以其斑斓的色彩成为财富的象征，也承载着青铜艺术之美。

中国是使用金属货币最早的国家，而金属货币中，历代又以铜币为主。中国的钱币已有四五千年的历史，从最早的贝币、刀币到秦始皇统一六国，以"天圆地方"的理念铸造方孔圆钱一直沿用两千年，形成了独立发展的钱币文化。先秦，先人流通使用过刀形、布形、圆形铸币，简称刀币、布币和圜钱。秦始皇兼并六国后，为巩固封建统治和发展封建经济，统一了钱币政策，在全国范围内推行外圆内方的半两钱，这是中国历史上的一次币制改革，标志着这种"钱圜函方"的钱币在形制上从此固定下来，并为历代沿袭。汉代起流行五铢钱，重五铢，钱上铸有"五铢"二篆字。至唐代，"通宝"出现，发展出一种新的钱币体制，便从此占据了中国钱币的主要地位，流通了1300多年，直至民国之初。通宝起于唐高祖武德四年 (621 年) 铸的"开元通宝"，以后历代都曾沿用通宝之名，并在"通宝"二字前冠以年号和朝代铸于币面，如南唐的"大唐通宝"、宋太宗的"太平通宝"、元代的"至正通宝"、明代的"永乐通宝"、清代的"康熙通宝"等。而明清两代也曾出现制钱、铜圆 (铜板) 等铜铸币。纵观中国铜币史，圆形方孔的铜钱是中国的主要流通货币之一。铜币是中国青铜艺术设计中的代表作，就其使用之长久、产品数量之多、使用人数之众以及设计迁延时间之长久来说，简直就是一部浓缩的铜器艺术设计史。

中国古代铜铸币有饼形、刀形、铲形等形状，而最终选择了圆形方孔的铜钱，除了方孔便于以绳索贯穿钱币，便于计数、携带与流通外，也具有文化和审美的意蕴。中国货币"外圆内方"的设计工艺源于古代的"天圆地方"理论。这种基于天文和地理的设计有非常丰富的文化要求。它使铜钱在使用功能和文化亲和力上有了许多发展的可能性。铜币的方孔圆钱包含了与图形相关的社会文化观念，如流通与稳定的功能、圆滑与方形的社会特征、边缘与中心的位置观念等。如果我们进一步研究中国人日常生活用具的设计，我们也会发现许多地方"以应方圆"，例如，中国人的筷子和铜镜等大多数器具都被制成一端圆形和一端方形的形状。这种造型是中国工艺设计的典型方式。对圆与方的掌握是人类对抽象图形最初理解的最重要升华阶段之一。它标志着从点、画的基本笔画上升到由笔画构成的基本图形，从线性认知发展到平面认知。当人们理解了"圆动方静"的规律，甚至可以用"天圆地方"等文化理念和情感来衡量"方"和"圆"，这样的设计表现出无与伦比的巧妙之处。今天，我们可以看到，无数当代商标和其他徽标的基本造型通常是以方圆交错为基本图形。可以毫不夸张地说，铜币的设计是中国设计师意识到平面设计的基本原则和规则的结果，这使得铜币的使用功能和装饰意义的结合达到了极致。

中国铜币外圆内方，而所铸文字源于商周青铜铭文，颇见书法艺术风采。先秦时期的刀币、布币、圜钱等金属铸币上的文字是用大篆来书

布币

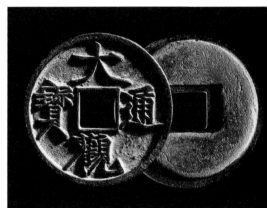

秦半两　　　　　　　　　开元通宝　　　　　　　　大观通宝

写的。秦汉时期，钱文书体属小篆范畴，如半两、五铢，但已有汉隶风格，其中莽钱为悬针篆。魏晋南北朝书体复杂。唐代钱币为八分隶书，唐代以后隶书盛行，五代十国主要为真、篆、隶三种。北宋钱币则有篆、隶、真、行、草。自南宋光宗绍熙以后至元、明、清，钱文均以楷书（真书）为主，间有篆、隶书体。古钱币上的钱文，不少出自历代书法名家之手。铸于唐高祖武德四年的"开元通宝"，币文为唐初四大书法家之一的欧阳询的手笔；宋太宗是书法高手，亲书隶、行、草三种字体的"淳化元宝"，首开"御书钱"之先河；宋徽宗对书法颇有造诣，他书写的"大观通宝""崇宁通宝"，铁画银钩，纤秀劲放，号称"瘦金体""铁线书"，在我国书法史上自成一家。此外还有苏东坡的行体"元丰通宝"，南朝书法家徐铉所书楷、篆的"开元通宝"，金朝书法家党怀英书的玉箸篆"泰和通宝"等，精美非凡，令人爱不释手。此一铜币铸文是书法史的见证。一部铜币史演绎着方圆中国之风流。

铜器：吉鉴生光　铜炉沉香

中国铜器，承商周之风，开汉唐艺术之河，异彩纷呈。与中国其他工艺美术一样，它注重材与艺的和谐统一，重视工艺材料的自然品质，主张"相物而赋形，范质而施采"，充分利用或显露材料的天生丽质，呈现出天趣性；同时，重视工艺加工技术工巧性，使铜器铜雕内蕴传统而又浑然天成。可以说，从青铜礼器向实用铜器的发展，是中国青铜艺术的流向之一。而自汉唐起，中国铜器用品层出不穷，品种名类繁多，造型美观大方。古代艺人以手工生产方式，通过对铜器的铸造和錾刻，制成了众多具有艺术价值的生活实用品。这些铜器工艺品一般具有实用、观赏两种功能，既经济适用、不易损坏，又在造型和装饰等方面追求美的表现，如铜锁、铜壶等。其造型雅致，构成巧妙，显示出中国古代青铜艺术之神韵。而其中，除仿制青铜器外，铜镜、铜炉最具代表性，这使中国铜器艺术呈现出吉鉴生光、铜炉沉香的气象。

铜镜：鉴照生辉

中国铜镜历史源远流长，从距今四千多年前的齐家文化起，历经商周，兴于汉唐，迄至明清，至近代由于玻璃镜的流行，才退出了历史舞台。铜镜是青铜器中独成体系的精美的工艺器，它铸制精良、形态美观、图纹华丽、铭文丰富，是我国古代文化遗产中的珍品。古代铜镜形状多样，主要是圆形，正面光洁，背面大都铸有纽且装饰着各种花纹和铭文。这些图案、纹饰和铭文题材丰富，从历史人物、典故到神话传说，从自然景观到世间万物，从几何图形到动植物以及神话中的珍禽异兽，均包容其中。而且不同历史时期铜镜的主题纹饰、艺术风格还有着自己时代所赋予的鲜明特点，这使其具有特殊的神韵和无穷的魅力。中国铜镜的设计之美，主要表现在这些图案、纹饰上，那是铜镜的吉光片羽。

先秦之古朴

中国是世界上最早使用铜镜的地区之一。铜镜的前身是商周时的铜鉴。作为当时青铜器中的一种，殷代铜镜以素镜为主。之后，铜镜装饰纹样风格也失去了前代威严雄健的气势，花叶纹、云雷纹、蟠螭纹被广泛运用，不过这一时期尚无铭文。战国是剧烈的变革时期，流派纷呈，思想迭起，青铜艺术也发生了重要转变。此时铜镜较前数量大大增加，形制精巧，纹饰美观，纹饰题材丰富，有几何图纹、植物纹、动物纹、人物图像等；纹饰表现手法多样，有浅浮雕、高浮雕、金银错、嵌石、彩绘等；图案多采用地纹衬映主纹手法，主纹地纹相映成趣，这使铜镜具有了一定的审美价值。这是中国铜镜的早期阶段。这一时期，中国铜镜无规范化定型纹饰，难以找到同一范式的铜镜，风格古朴。

汉镜之神灵

随着铜镜的使用日益广泛，汉代成了我国铜镜工艺的第一个高峰，被考古界称为"千年不解之谜"的透光镜即是汉代产物，证明了两千年前的中国工匠已经能够熟练掌握并巧妙运用光学原理了。汉代铜镜的总体特点是：镜身薄、边缘平、纽扣圆、装饰规则。主题装饰和表现手法全面创新，赋予汉镜全新的审美趣味，使中国古代铜镜工艺发生了划时

汉星云乳钉纹铜镜

汉瑞兽纹铜镜

汉瑞兽纹铜镜

代的变化。不同时期汉镜的装饰风格也有所不同。早期主要采用平雕工艺，图案丰富，包括鎏金、包金、漆彩绘文字等。铜镜类型主要包括日光镜、昭明镜和星月镜，"字铭"也是从汉代初期开始成为主要装饰内容。中期汉镜主要流行规矩镜，在这类铜镜上一般多用青龙、白虎、朱雀、玄武四神纹，所以也称"四神镜"。四神在当时极为流行，被认为具有辟邪的精神功能并表示季节和方位，并且在镜缘上也有复杂的装饰，常见的有锯齿纹、卷云纹、卷草纹等。上方座纽、八乳丁的方圆对比形成一个优美的图案结构，显出华美之风。晚期镜面稍凸，圆纽较大，有许多带柿蒂纹纽座，流行吉祥字铭，并出现了浮雕式做法，纹饰较多。汉代铜镜纹样是中国装饰艺术史上的重要遗产之一，它揭示了适合纹样的设计规律。

魏晋之佛风

魏晋南北朝时期，战乱频繁，人们深受战争的痛苦和压力，反映在精神领域，时人大都崇尚清谈。这时候，西汉末年传入我国的佛教以"轮回转生、因果报应"的教义赢得了人心，使苦难的生灵在茫茫之中看到希望。特别是当时有些君王笃信佛教，提倡佛学教义，于是佛教借助"玄风"盛行起来，因而各类工艺常常体现出浓厚的宗教色彩。与佛教有关的装饰纹样也逐渐进入中国，最明显的是莲花纹、忍冬纹、连珠纹的大量应用。魏晋南北朝300余年中，神像龙虎镜、西王母镜等生产较多，并出现了礼佛图式的神像人物镜、重轮双龙镜和簇六宝相花镜等。南北朝晚期，铜镜图案就逐渐以写实花鸟为主题了，艺术特征是浮雕层次起伏、轮廓分明，反映出人性觉醒以后人们对自然的热爱以及生活情趣的提高。

唐镜之富丽

隋唐，中国文化的精神开始由魏晋的虚灵转入唐代的丰实，审美趣味趋向雍容华贵、富丽奔放。唐王朝在传统文化的基础上吸收了各民族的优秀艺术精华，开辟了装饰艺术的新风格。唐代铜镜是继汉代铜镜高峰期之后又一高峰，首先是造型式样上有很大的变化。这时除了一部分

唐真子飞霜镜

唐双雀月宫盘龙镜

圆镜外，还创造出许多花式镜，常见的有葵花、莲花等镜式，并创造出无纽有柄手镜，手执使用更加方便。这一时期铜镜众多图案反映了人民生活和人们对理想追求的吉祥之愿，如树下有人弹琴或月宫嫦娥与玉兔等。此时纹饰无论是常见的花鸟蝴蝶，还是想象中的珍禽异兽或神话故事、社会生活，表现起来都十分风趣，并且装饰方法丰富多彩。

除雕刻外，还镶嵌有宝石、金银和螺钿，如唐真子的飞霜镜，表面直径21.5厘米，葵花形，圆纽。纽上饰有祥云托月图案，下部饰有池水和山石。一片荷叶从池中拔出，是纽座；左侧一人峨冠博带，坐而抚琴，前设香案，后依竹林；右侧一凤，栖于石上，凤上方饰六瓣花两枝；外区为铭文带："凤凰双镜南金装，阴阳各为配，日月恒相会，白玉芙蓉匣，翠羽琼瑶带，同心人，心相亲，照心照胆保千春。"镜铭之意为夸赞铜镜铸制精美，同时表白了真挚的爱情。这种铜镜当时应该是成对的。唐代铜镜的图案构成特点，与春秋战国以来的程式化图案相反，突破了从镜扣到边缘同心圆的层层布局，并多采用散乱的视角和适合的构图形式，简洁、明快、完整，线条流畅，整体完美和谐。中国铜镜在唐代进入发展鼎盛时期。

宋镜之素雅

宋代装饰呈现出静中求动、素中求丽、理性典雅之美。宋代铜镜分为两类：一类是缠枝花草官工镜，此类镜身匀薄，除方形、圆形与葵花形外，还有亚字形和其他新式样，装饰花纹多为平刻，以写实缠枝花草为题材，并改变了宋代以前采用的离心式、求心式、对称式等图案组织而流行旋

宋人物故事纹铜镜

转式，这与宋代定窑印花法装饰相类似，是在重视现实的宋代写实花鸟的基础上经过提炼而形成的风格；另一类是具有浓厚民间艺术风格的粗线条表现，和当时的磁州窑剔花法相近，其中双鱼和凤穿牡丹两种装饰图案最具有代表性。此时铜镜的造型样式除了手持式以外，还增加了镜架挂镜，因此镜背已经没有装饰的必要了。到了南宋，铜镜一律改为素底无纹，十分简朴，自此铜镜又再度走向衰落。

这是铜镜装饰形式的演进史，它承商周青铜器之风，受时代风格特点的影响，呈现出多姿而又多变的风貌。与其说这是铜镜装饰图案的更进史，不如说是中国古代图案的发展史。

铜炉：焚香缭绕

中华民族是一个崇天法祖、信仰天人合一的民族，因而常以香炉与神佛交流沟通，或以此种生活方式正念清神，除秽驱灾，以至于为生活增添内涵。炉器始于春秋战国，那时已有作为烧炭取暖及烧烤熟食之铜炉。而以熏香为主之功能，则见于汉代，如博山炉香缭绕，似云雾蒸发，有如处仙境之感。汉制香炉，其作用有三：一作宗庙祭器，二作熏衣之用，三作书房熏香之用。之后，唐代佛教盛行，炉器成了供养礼佛之具，

熏香风气流行于民间。至宋代，熏香风气更盛，有"点茶、焚香、挂画、插花"为文人四艺之称。各式材质和造型之炉具应运而生。直至明代，铸铜为炉之风大盛，明清时人莫不以收藏"宣炉"为珍。铜炉为焚香之器具，它以造型古朴、铜色润泽、精气内含、沉稳厚重，呈现出青铜艺术的"沉香袅袅"之美。

色泽之殊

前人云："黄如秋葵着露，白如玻璃澄水，红如朝霞映日，青则鱼胆，黑则点漆。"这是欣赏炉色之妙。铜炉的这种颜色是怎么产生的呢？铜色产生的根本原因是铜质的含量不同，比如黄铜、紫铜、白铜等都是因铜内含有锡、镍、铅等不同成分而展现不同的色彩。据说，宣德炉铜里含有金、银等，故而展现色彩与众不同，呈现出云蒸霞蔚的美感。铜炉的颜色之美，也可经过炭墼烧热，徐徐火养而成。铜色会在火养火煨的过程中出现变化，越变越耐看，直到完美。乾隆年间吴融的《烧炉新语》即对此造色之法有所记载，如红藏金结雾法、墨漆古结雾法、秋葵结雾法、黄藏金结雾法、蟹壳青结雾法、苹果绿结雾法、藏锦色结雾法、铜质老嫩难结法等。这些造色之法，可化腐朽为神奇，使铜炉之色更显异彩。

明代宣德炉，工艺精湛，色泽润和，古香古色，充满灵气。宣炉不仅首次使用了优质的黄铜，而且冶炼极为精纯。普通的铜经过四炼即可呈现出珠光宝气，而宣炉所用的铜，最精者为十二炼，最劣者也有六炼。并且还熔铸使用了八百两赤金、两千六百两白银，以及金银丝片、马价珠、鸦鹘青、祖母绿、桃花片等不计其数的名贵宝石。除了用料的精良，宣炉的铸造方法也有很大的创新，不同于以前的翻砂法，宣炉所采用的是更为细致的脱蜡法，使宣炉呈现出前所未有的光滑柔顺的质感。由于用料和制作工艺等多方面因素的影响，宣炉的颜色具有极为特殊的古朴大雅的韵味。明代收藏家项元汴说："宣炉之妙，在宝色内涵，珠光外现，澹澹穆穆，而玉毫金粟隐跃于肤里之间。"宣炉不仅色质典雅，色皮的种类也十分丰富，仅着斑色就有朱砂斑、朱红斑、石青斑、石绿斑、黑漆古斑、淡蓝斑、枣红斑等许多种；至于脚色则更加丰富，如栗壳色、

洒金香炉　　　　　　　　　　　　　铜三足双耳香炉

棠梨色、蜡茶色、琥珀色、藏经纸色、甘蔗红、海棠红、桑椹色、猪肝色、石榴皮色等。这是宣炉能成为炉中极品的一个重要原因。

　　铜炉器物的款识也颇为精妙。除宣德款外，明清铜炉家藏堂斋款及诗文佳句款，如"乐琴书以消忧""清风对饮""松月侣"等，显示出古人除悠游于清香之外，配搭古琴、书籍、清风、明月之风雅。私款铜炉大部分属于官宦世家或富贵人家的文房用具及府内祭器，是专门铸造的，不会批量生产，所以形制好、铜质精、皮色佳、款字优。这些款地明润，与炉色等旧，即芝麻地亦颗颗圆熟晶莹，与炉身同色。

　　形体之异

　　香炉，汉代始方有专为焚香而设计的炉具出现，其中最著名的是"博

鎏金异兽纹铜炉

铜博山炉

鎏金银竹节铜炉

山炉"，多用青铜铸成，偶有陶器成品出现。此时熏香除秽的观念和炉器的形制，受到了神仙方士等流行思想的影响。到了魏晋玄风盛行后，士人们开始讲究姿仪，"熏衣剃面"成了士族优雅风仪的体现，于是香炉的样式更趋多样化。唐时佛教大盛，香具的形制自然更加繁多，质地有铜制品、绞胎器甚至金银等。到了明清，用铜制造的熏炉更是出现不少，形体多美。

铜香炉有手炉、供炉之分，形状有宝顶形、方斗形、狮子形、仙鹤形、莲花形等不一而足，还有两层的火舍香炉，并有花、素、方、圆之别，有的易于入手把玩摩挲，有的便于陈设观赏，有的铜炉体大而用于庙宇神堂，有的体小而用于文房，造型异彩纷呈。九转乾坤炉，为古代宫中御品，造型典雅，风格独特，五龙攀附形成一整龙，与下部圆体栅栏遥相呼应，天地合一，气势恢宏，寓意丰富，象征着国家富足昌盛，更象征拥有者大富大贵。莲花香炉，与供佛相关。据云，此炉"炉前有十六青狮白象，于二兽头上别起莲花台以为炉。后有狮子蹲踞，顶上有九龙，绕承金花，花内有白金宝子盛香。佛说法时，常执此炉。比观今世手炉之制，小有仿法焉"。而古人以此炉仿制的手炉，多以铜铸，形如莲花瓣炉头，大多是在剃度、礼忏、奉请等场合，或炉头插香，或兼插鲜花以为供养的。九龙吐雾炉，为沉香屑第一炉，香炉身上精雕有九龙首，为"九龙聚首，富贵齐天"之为寓意。古人认为此香炉有聚财消灾的作用，拥有它可保富贵平安。麒麟香炉，青铜镂空麒麟香炉里，上等檀香的清烟如雾，如梦一般流动，有着一种吉祥之气、一种灵动之美。

器制之盛

明清铜炉是历代香具中的翘楚，其中以宣德铜炉为最。宣德铜炉由明朝宣德年间官方按照古代各种名器式样铸成。自宣德炉创制以后，历代仿品不断。据《宣德鼎彝谱》记载：宣德皇帝曾命人参照《宣和博古图录》及《考古图》诸书，并内库所藏柴、汝、官、哥、钧、定各窑器皿款式典雅者，设计宣德炉的形制，并成功绘制成图谱共 117 种，由工部吴邦佐于宣德三年（1428 年）依图谱开炉铸造。同时在宣德炉底部铸上"大明宣德年制"阳文楷书方印款。此虽为书载，但仍可见其形制丰富之貌。

明朝宣德年间，暹罗（现泰国）向明朝宫廷进贡了数万公斤的黄铜（即"风磨铜"）。在过去的几千年里，中国主要用青铜铸造器物，几乎没有黄铜。因此，明宣宗面对这些金光闪闪的"风磨铜"，决定用它来制作宗庙祭祀的鼎彝和内府日常使用的炉具。宣德三年，明宣宗指示宫廷工匠吕震、工部大臣吴邦佐等人监督制作了一批精美的铜香炉——

宣德炉，俗称宣炉。宣炉在造型上十分考究，每一种风格都必须得到明宣宗本人的认可。宣德炉多模仿夏商周名器和宋元名窑典籍，如商代父己鼎、文方鼎、象形鼎，周朝的文王方鼎、乙毛鼎、益鼎，宋代柴、汝、官、哥、定等名窑的瓷器，同时还参考了《宣和博古图录》《考古图》等史籍记载的款式。宣德炉的耳、边、口和足都是精心制作的。耳就有朝天耳、环耳等五十多种，边有二十多种，口有十多种，足有四十多种。可以说，宣德炉是在熔铸前代器物传统风格基础上的新创作。

铜器的造型之美不仅表现在铜币、铜镜、铜炉之上，而且表现在铜灯、铜壶等器具上。比如凤咀龙把铜壶，龙凤形体十分精致，配以各种

宣德炉 1

宣德炉 2

铜壶 1   铜壶 2

卷草、莲花瓣和各种几何纹样，与铜器固有的光亮色泽形成了极为精巧的装饰美。

仿制：炉火纯青

仿制青铜器是按古代尤其商周铜器原物拓片、品相、纹饰、成色，仿制新器的艺术之风。它与伪造青铜器相似而有别（伪造青铜器则是由商业利益驱使的），或是出于对古代文化的尊重与爱好，或是出于复古以宣扬传统礼教之目的，但无论出于何种意愿，无论是唐宋为仿、元明是变还是清代之改，都是对中国古代青铜器的复制和因袭，因而，其设计有着尊古之风，再现炉火纯青之气。

仿造先秦青铜器的历史约可以追溯至宋代，当时金石学兴起，公私皆以收藏商周青铜器为乐事。宋宫廷曾据内府所藏商周青铜礼乐器大量仿造，以为郊庙之用。特别是政和年间，徽宗由于酷喜古物，常命良工仿制新得之古器，故所制尤多。宋代仿古器因多以商周原器为模式，故在形制上较为相像，但与原器相比，造型略显呆滞、粗拙，且体形一般较大，形象多有变异，如北京故宫所藏宋仿商簋与商簋形制颇相似，但其颈部与圈足所饰夔纹形象与地纹均较商代纹饰失真且粗糙。元代时诏修诸路府州邑县之庙宇以供春秋祭祀，为此设置了出蜡局，以仿制古祭器（《元史·祭祀志》）。当时孔庙所设的祭器形式也是仿照古代的，但纹饰不一样，铸作草率，比较容易识别。并且，有些仿古器，如铜壶、铜瓶之尖，以繁密的线纹和回纹为饰，是当时的实用器物。元代仿古铜器往往有自行改造之处，并不拘泥古代形制。如1981年从湖南常德慈利征集所得元代铜簋，双环形耳与波带形足均为随意改造之表现，而且口下有直壁，是春秋早期以后形制，但纹饰却饰西周晚期与春秋早期的重环纹，亦与真器不合。

在明代，仿制的规模非常大，其中许多仍然存在于世界各地。明代仿制的青铜器是根据宋代的图录仿制的，主要是参考《宣和博古图录》。明朝宣德年间，宣宗朱瞻基看到郊坛宗庙及内廷所陈设之鼎彝都不是古制，所以产生了复古的想法。因此，宣德三年（1428年），他下令工部铸造了3300多件仿古青铜器。这些古董青铜器除了由朝廷保管外，还通过诏书分发到各个皇室，因此传遍全国。在明代的仿青铜器中，经常铸有铭文，表明它们是仿制品，大多数宫廷仿制品都是用本朝年款。如宣德三年工部奉命仿制商周青铜器，底部刻有"宣德"字样，明末潞王所仿制青铜器刻有"潞国制"字样并编号。历代地方官吏仿制品除注明年款外，还注明官称姓名。在这个时候，仿制品在形状和魅力上与原作大相径庭。这是因为它不是模仿，不是伪造，所以没有必要追求现实主义。它往往只是为了外形相似，没有严格遵循古代的制度，甚至有所变化，反映了时代的各种风格。这一时期的仿制多以宋人画册的铸造样式为主，宋人的绘画也不严格，因此，明代仿制品多有走形。其中有的虽与商周真器外形相近，但纹饰变形却十分严重。例如，明朝宣德三年工部铸造的"周公乍文王"鼎，引用《宣德彝器图谱》，虽然也使用了早期青铜器的一般形象，但无论是扁足与扉棱造型，还是纹饰、铭文，皆非周初之制，且尤以纹饰更显随意性。例如周夔凤纹鼎，为错金银器，形制本于商周，鼎制却饰错金银纹饰，显然是一种变通与改造的仿古手法。这些器物多数当属于仿古器，应被视为艺术作品。而自清代以后，青铜器的收藏和研究由于宫廷的提倡，一些富有的身居高位的学者，多方搜罗出土的青铜，编录的青铜著录竟达百余种。在造型纹饰及铭文等方面的论述，其深度和广度已远远超过了前代。清代宫廷继续铸造仿古铜器，风格与明代近似，即外形有商周铜器部分特征，但往往对局部加以多方面的改造。如清仿古方鼎，饕餮纹作蝴蝶状，口颈下夔纹口，底纹呆板无变化，扁足形制与其上纹饰亦均不合古制，较典型地体现了这一时期仿古器的风格与水平。

由上可见，仿古铜器是中国青铜艺术的流风回韵。历代仿古铜器大多取商周铜器之外形，而在局部(如部分结构与纹饰，特别是纹饰方面)多有随意变形，因此，其在器物的形制、纹饰、铭文等设计上，追溯甚至模仿商周青铜器，但多有变化。

从尊至壶的演变，从鉴至镜的相承，这是中国铜器的吉金沉香。无论图案装饰还是造型艺术，中国铜器都体现了形式与内容的统一，功能与装饰的统一。它远承商周青铜之脉，与陶器、瓷器等工艺相互影响，在模仿中创新并随着时代发展而演变，为我们今天的艺术设计留下了宝贵的财富。

铜雕：吉祥如意　法相之美

铜雕，以栩栩如生的神佛造像和动物造型，显示出中国人丰富的想象力，寄寓着中国人美好的生活理想。铜雕是中国青铜艺术从实用的铜器皿向审美的工艺品的演变，它远承商周青铜器之风，并渐渐显现出独立的艺术品格，呈现出吉祥中国之美。

铜造像：法相之美

佛教自印度传入中国以后，进香礼佛成为无数善男信女的日间常事，因而彰显佛陀宏大威严的佛像必不可少。神佛艺术，论造像，有金银、铜铁、石木、陶瓷等多种质地；论形象，则有诸佛、观音、菩萨、罗汉、护法等。金玉之佛像材质昂贵，传世极少，而木陶质地的造像易于损毁，难以长期流传，于是铜质造像就成了数量最多的类别之一。神佛造像以民间风俗为内蕴，呈现出焚香缭绕、法相庄严之美。

神佛传统

信神念佛是中国人的传统生活方式之一，神佛之像与人们的日常生活密不可分。

佛教造像在印度起源较早，在中国佛教初传期多称金人，其后亦称金泥铜像，其形象包括佛、菩萨、天王等。其中，观音菩萨（或称观音大士）在中国家喻户晓，妇孺皆知。"家家有弥陀，户户有观音"，这句古今流传的俗语，就充分说明了中国民众崇敬供奉观世音菩萨的盛况，以及观世音菩萨在中国民间的深远影响。观音，别称救世菩萨、莲花手菩萨等，意思是：世间一切遇难众生只要一心称念此菩萨名号，菩萨就会及时观其音声而前来相救。中国民间流传的33种观音造像，为古代画家依据流传故事而精心创作，多是唐以后逐渐定型流传至今的。如：杨枝观音，造型为立像，手持净瓶杨枝，常戴女式风帽和披肩长巾；圆光观音，合掌坐于岩石上，身后现圆光火焰；白衣观音，身披白衣，左手持莲花，右手作与愿印；威德观音，坐岩畔，左手执金刚杵，右手持莲花，作观水状；滴水观音，右手执洒杖，左手执洒水器，作洒水相，或作右手持瓶泻水状。而弥勒佛，是大乘佛教瑜伽行派的开创者，他的塑像在汉地寺院中多为袒胸露腹、喜眉乐眼、笑口常开、和蔼可亲的胖大和尚形象。传说契此是弥勒的化身，形体肥胖，衣着随便，面带笑容，常常背着一根木棒，棒上吊着一个口袋，在闹市中行乞并教化群众，人称"布袋和尚"。后人造塔供奉弥勒，使其成为解脱一切烦恼的化身。净土世界一莲花，佛成了中国人精神的彼岸。而佛教造像，伴随佛寺的

铜观音

弥勒佛

兴盛而发达，多供养在宫中
或佛寺，受人朝拜。

　　与佛相类，神话传说中
的人物是中国传统民俗文化
的又一重要载体，它与佛一
起，形成了中国人眼里的佛
祖神魔世界，并立于中国人
的供桌神坛上，让人们祈福
迎祥、带福还家。其中，在
中国人的神佛中，"三星"
即为典型。寿星，以南极仙
翁托桃为形，寓意幸福长寿，
用来寄托人们对健康长寿的
向往。福星，职司"五福"，

寿星像

涵盖了长寿、富贵、平安、吉祥、子孙众多等世俗福祉。天官赐福的观
念深入人心，在民间关于福星的形象多为天官下凡：身穿大红一品大员
官服，腰系玉带，手持如意，面上五络长须，一副慈眉善目相。禄星为
民间传说之神，相传名张亚子，仕晋战死，后人为之立庙纪念，其掌文
昌府及人间功名、禄位事，故又称"梓潼帝君"。福禄寿三星，又叫三
星高照，福星司祸福，禄星司富贵，寿星司生死，象征幸福、富有和长
寿。三星拱照，必定儿孙满堂、增财添禄、安康长寿。中国财神还有文
武之分。文财神文昌帝君信仰源于我国的星辰崇拜。从汉朝以来，对文
昌的信仰从未淡化过。读书人出门在外也要请一尊文昌神像，以便随时
祭拜求助。明朝时天下学馆都立文昌祠。清朝规定，每年二月初三为文
昌诞辰纪念日，朝廷派员参加祭祀活动。武财神，在民间造像中，常见
黑脸浓须、头戴铁冠、持铁鞭骑黑虎、飘长须、威风凛凛、身着战袍的
形象。在中国历来甚受欢迎的武财神是赵公明，人们常把他作为镇宅之
神加以供奉。另一位武财神是关帝，多为商家所崇祀。

这些千姿百态的神佛为中国传统造像艺术提供了丰富的题材。如：明清两朝铸造了大量的铜佛造像，这不仅因为礼佛的需求，也与当时朝廷的大力提倡有关。2004年，香港佳士得拍卖的一尊铜鎏金大威德明王像即为明朝所铸。大威德明王，为佛教神祇"五大明王"之一，神像具有驱妖辟邪、保护供奉者的神异力量。此尊佛像尺寸高达一米，三首八臂，飘带飞扬，身缠无数小蛇，足下踏法轮，面相威严，铸工极其精细，是明代密教鎏金铜佛像中重要的存世品之一。这正是：古寺林立，梵宇连云，莲花宝座，佛像金碧，千尊铜佛重霄起，一杵清钟万墨鸣。

法相之美

佛教自西汉丝路开通后陆续传入中土，迄魏晋南北朝时转发为兴隆，使佛陀造像孕育而生，而造像形式中又以金铜佛铸像最引人注目。中国金铜佛造像大约有两类：一类是三国两晋、南北朝、唐宋时期的金铜佛，为"汉传佛像"，这类金铜佛内容丰富，绚丽多姿，存世少，艺术成就高；另一类是藏传金铜佛，元代之后金铜佛的发展主流是西藏本地所造的金铜佛及内地传播的藏传金铜佛，元、明、清三代传世金铜佛大多属于这种类型。

中国金铜佛造像起于汉，相传东汉末年，下邳相笮融大造佛寺，于寺中"以铜为人，黄金涂身，衣以锦采"，这是中国造像立寺首次见于史载。早期的金青铜佛像大多覆盖着肩衣、禅印、四足方座或莲花座，呈船形凸起，背光大，雕刻方法简单，服装图案正式。南朝的金、铜佛像很少发现，沿用了早期的传统工艺，但与北方的金、铜佛像相比，服装图案的标准化和优雅的面容是该佛像的特点。北魏金铜佛除坐、立佛像，还有释迦、多宝并坐像，太和二年河间乐成人张卖造弥勒像，结跏趺坐、通肩衣、禅定印、四足束腰高方座等仍为古式，头部比例大，面容似柔和含笑的童子形，造型朴质，有形体微胖之风。此后，铜佛造像趋于形式严整，强调装饰化，出现了秀骨清像、风神飘逸的造像式样。这种由质朴豪毅转向优雅的弥勒立像，火焰图案轻盈，背部细腻华丽，

铜释迦三尊像   鎏金铜佛坐像

面部舒适明亮，衣服纹饰刻画有力，造型美观。然而，身体比例发生了变化，头部变小，面部和服装图案开始有一种圆润的味道。至北齐，金铜佛造像大都短胖丰满，宽肩鼓胸，有厚重感，而舟形举身光、四足方座、交叉式帔帛等都还是北魏造像的流绪。

隋代金铜佛造像遗存较少，多有向唐代造像过渡的特点，如：两肩宽厚，胸部隆起，面相饱满，着褒衣博带式佛装，上身比例略大，形体缺少变化。唐代以后，中国佛教史上出现了以建宗立派、传译佛经、发展寺院经济为主的新阶段，单纯的金、石佛造像较前减少，木雕、铸铁佛造像渐次流行。尽管如此，唐代鎏金铜佛造像较魏晋南北朝更为华丽丰满，也更重视细节，做工精致，佛与菩萨的造像较符合人格化的特质，充满了精神力量。现存唐代金铜佛造像，仍不乏造型精美、身姿婀娜之作。先后出土于陕西临潼纸李和邢家村的两批鎏金铜佛像，总数达 579 件，其中唐造像占相当比重。这批佛像以身肢扭曲的观音菩萨立像为大宗，通行莲枝与四足方座相结合的座式，光背镂空，有的作背屏式，均形体丰满多姿，雕镂精工，反映了唐代雕塑艺术的水平。明清铜佛造像，造型纹饰仍沿袭魏唐佛像传统，但多有变化，如在铜的材质上多有变化，唐宋铜佛的铜质青中泛红，原料是国产青铜，明清铜佛多数泛黄，用的是黄铜。如唐宋铜佛底座的莲花瓣少而大，明清的东西莲花瓣多，又密又小。金铜佛造像自唐便衰落了，但铜佛造像仍在流行。

神佛铜制造像，承继着中国商周青铜器的祭祀供奉与宗教神秘之风，自魏晋南北朝起，历代之金铜佛造像艺术不仅承先启后，且兼具该朝代之特有文化与佛之精神。如魏晋南北朝时清秀飘逸；隋唐时丰满优美；宋代则平实而具人性；明清则华贵精美，并将中国青铜艺术推向人物雕塑化方向发展，使青铜艺术呈现出妙相华严之美。

金铜佛坐像、铜坐佛、铜十八臂观音、铜鎏金渡母

铜动物：吉祥之意

吉祥文化是传统中国别具情趣和色彩的文化形态。譬如，在古代，鱼为祥瑞之物。孔丘生子，友人送鲤鱼一对为贺。孔子十分高兴地收下，以为吉祥，便给儿子取名孔鲤，字伯鱼。传说鲤鱼跳过龙门便可成龙，李白在《与韩荆州书》一文中云："一登龙门，则声价十倍"。因而，人们期盼着"鲤鱼跳龙门"的高升乃至飞黄腾达。此外，在民间有许多表达吉祥的用语多采用谐音，如：鲤与"利"，鱼与"余"等即是，并由此创造出许许多多寓意丰富、形式优美的词汇来，更使中国雕塑工艺与美术图案呈现出万紫千红的风貌。

吉祥动物或许源于古老的图腾，在中国吉祥动物中，仍有着原始的神兽异物的虚构身影。比如：龙在古人的心目中是一种神异之兽，既能潜藏于江河，又能腾驾于云端，能大能小，能隐能显，正是因为这种灵性，而被尊崇为最高等级的吉祥物。而在中国的神话传说中，四圣兽是以尊贵无比的身份出现的。《礼记·曲礼》云："行，前朱鸟而后玄武，左青龙而右白虎"。青龙是中国古代神话中的东方之神，白虎是西方之神，朱雀是南方之神，玄武是北方之神。这四圣兽在汉代被大量刻入印章之中，供人们佩带以辟邪，从而形成独树一帜的四灵印，直至清代尚有此遗风。如高凤冈刻的"启事"印，饰有青龙白虎的图案，古雅且有美术装饰意味。《礼记·礼运》："山出器车，河出马图，凤凰麒麟，皆在郊椒。"麒麟也是中华吉祥物中的灵兽，作为古代传说中的动物，此兽头上一角，狮面牛身，尾带鳞片，脚下生火，其状如鹿，古称之为"仁兽"，多作吉祥的象征。传统地毯及文物中的麒麟图案，多为"麒麟送子""麒吐玉书"等，寓杰出人物降生之意。此类吉祥物是某种意念的象征，是某种力量的显示，它给人们以希望、安慰和某种追求。

在中国吉祥物家族中，还有一些来自写实的动物，其形象生动，情态亲切，但传统文化和谐音却使之承载了独特的吉祥意义。在古代，还有"猴""侯"谐音。封建社会，拜相封侯，是最为荣耀的人生价值取向。这使"猴"（侯）成为一种祝福吉祥的符号，如"马上封侯"即为一马上有一蜂一猴，寓意立即升腾的愿望；"辈辈封侯"即一大猴背小猴者；"封侯挂印"即一枫树一印一猴或一蜂一猴抱印。龟是古人心目中象征长寿的吉祥物，有"龟千岁"之称。相传龟鹤皆有千年之寿，因此比喻吉祥长寿。郭璞《游仙诗》："借问蜉蝣辈，宁知龟鹤年。"在中国铜雕动物中，"灵芝鹤"为一只挺胸的仙鹤口衔灵芝立于回头仰望的老龟背上，民间传统鹤意喻长青，龟代表长寿，而灵芝为返老还童的仙药，寓意长青不老，延年益寿。"龟鹤同龄"为一龟一鹤，在古代仙

吉祥鸡

鹿

坐式铜龙

鹤为雌性而龟为雄性，寓意爱情犹如仙鹤立龟般长青不老，并寓同享高寿之意。狮子是祥瑞之物，北京故宫太和门前的铜狮、乾清门前的鎏金铜狮，造型雄左雌右，或踩绣球，为守宫之物。而民众以狮子戏球来表达欢乐吉祥意愿，绣球由连钱图案组合，球由滚动的钱币演变而来，"狮子滚绣球"喻喜庆富裕。猪是极为可爱的家畜，常见的猪钱罐的猪背上驮一聚宝盆，表示招财进宝之意。头角峥嵘的鹿因与官禄的"禄"同音，故被视为高官厚禄的象征。象雕则寓"万象升平、太平景象"之意，表示人民祝愿国泰民安、百业兴旺、国富民强之太平景象。这些动物铜雕不仅造型丰美，更负载着民俗文化的意义。

中国动物铜雕的吉祥含义，是与商周青铜器驱毒辟邪的社会功能一脉相承的，其造型方式源于商周青铜器上的动物纹饰和装饰浮雕，并随着时代的发展而嬗变，从而变得更加生活化，更具情趣化，更为人们所喜闻乐见。

一般来讲，中国古代青铜器以动物造型居多。商周青铜器不仅动物图形纹饰精美，还有大量直接采用完整动物形象铸造的器皿，如象尊、四羊尊、驹尊和鸭尊等。这些动物造型的青铜器形象生动，概括力强，能准确地抓住不同动物的典型特征。春秋战国以后的青铜器，动物雕塑突破了商周以来青铜器动物造型以浮雕或圆雕为主的传统手法，使神异动物雕塑夸张而又富有想象力。动物纹饰和造型往往动静结合，疏密得当，优美灵动，有着龙飞凤舞之姿。如出土于江川李家山墓地的牛虎铜案，此器为古代祭祀时盛牛羊等祭品的器具，形体为一站立的大牛，四蹄作案腿，前后腿间有横梁连接，以椭圆盘口状牛背作案面，大牛腹中空，内立一小牛，牛后部一圆雕猛虎咬住牛尾，四爪抓住大牛的后胯。此案中之大牛颈部肌肉丰满，两巨角前伸，给人一种头重尾轻的感觉。但其尾部铸有一虎，一种后坠之力使案身恢复平衡，而大牛腹下横置的小牛增强了案身的稳定性。在艺术风格上，此案充分利用对比、反衬、烘托的手法，把牛虎的神态、心理、动作刻画得惟妙惟肖，老牛的驯良无私、小牛的单纯可爱、猛虎的凶恶残暴构成一种极震撼的悲剧力量。

此案构思精巧、造型完善、形象生动、风格写实，充分体现了艺术审美和实用功能的完美结合，堪称中国传统铜雕动物的典范之作。

东汉以后，政局动荡，社会随之而出现了种种变革，意识形态也经历了明显的转折，人们的审美情趣由社会转向大自然，这些反映在铜雕中则是：一些源于自然的动物纷纷走入艺术的视野，带来了一股活泼清新的生气。这些动物造型在写实的基础上又被予以合理的艺术夸张，注重神态的刻画和风韵的表现。又经过几个世纪的消长变化，动物造型便以崭新的面貌在瓷器、铜雕等工艺中再度涌现，铜塑动物以量多类繁而广为流行，常见造型有虎、羊、熊、狮、鸡、猴、龟、鱼等。这些动物雕塑制作细腻，形貌传神，从把握动物特有的习性出发，采用既像速写又像漫画的简练手法，创造出一批生动活泼的动物形象，如和谐的龟鹤、温顺安详的绵羊、呆萌的小猴、卓然的鹰等，栩栩而生，呼之欲出。其中，羊是象征吉祥的动物，古代"羊"与"祥"相通，并与财富相关，因而它便成为中国铜雕动物的装饰题材。铜雕"三阳开泰"，三羊一大两小，母子神态亲昵，满含温情。三羊与三阳相通，羊身金钱环绕，寄托着人们招财进宝、财源滚滚的美好愿望。动物中，鹤与龟都是寿命较长的瑞兽，仙鹤身姿高雅优美、飘逸潇洒，传说为仙人坐骑，神龟负重、长寿，可赈灾驱邪，是祥瑞之兽。"龙头龟鹤"往往象征高洁清雅，寓意尊贵吉祥；而铜雕猴中，"菩提猴"四面四相，合"不听、不说、不看、不做"之意，憨态可掬，又禅味十足；"鹰"则充满自信和骄傲，"树桩鹰"雄心壮志，展翅欲飞，给人一种豁达之感。可以说，汉唐之后的中国铜雕动物，传承着商周青铜器动物造型艺术特点，并更具写实性和人格情致。

铜雕动物，虽没有商周青铜器的神秘威严，没有秦始皇陵陶俑那样的雄伟气魄，没有唐三彩那般的华丽色彩，但它却以变化万千的情态和丰富的内涵，在古代雕塑艺术中占据着重要的地位。中国动物铜雕，很少像西方雕塑那样表现猛兽格斗的激烈情景，造型多具有构思奇巧、概括精要等特点，写实中带有一定的夸张色彩，在强调动物外部特征时，

龙头龟鹤

三阳开泰

菩提猴

树桩鹰

又注意内心情态的刻画，从而达到形神俱备的状态。这些铜制动物不再是原始自然崇拜的变异，而有着自然、亲切的生活气息，有着"天人合一"的传统审美特征留下的人与动物的吉祥和谐之美，呈现出颇具东方色彩的中国特征。它是中国青铜艺术民俗化的具体表现，是装饰民间和装饰中国人生活的艺术奇葩。

铜佛造像和铜雕动物，是从中国古代青铜器的装饰性元素发展出来而自成体系的品类，它既顺延着商周青铜器的社会功能，又继承着商周青铜器的造型艺术，并随着时代的发展拓展向人物铜雕艺术和动物铜雕艺术的领域，从而给现代雕塑设计以丰富的滋养。铜佛造像和铜雕动物，为中国青铜艺术增添了"法相威严、吉瑞祥和"之美。

铜饰：錾云锻水 凸凹有致

　　中国铜饰，从锻铜壁画、壁挂到圆雕摆件，錾云锻水，形凸体凹，呈现出"方圆穷金石之丽，纤粗尽凝脂之密，藏骨抱筋，含文包质"之美。这是青铜艺术的又一形态，它与铜器铸造不同，多以锻铜工艺为主，是青铜艺术的浮雕化和装饰化。

锻铜饰品：錾云锻水

铜饰与铜工艺有关。在中国金属工艺史上，金属浮雕的成型方法以青铜铸造法和金银錾刻法为最，前者利用了金属的可熔性，后者利用了金属的延展性。铜是以天然金属的形式出现的，而铜在自然界中分布广，易于熔铸加工成各种带有浮雕纹饰的器物造型。早期的铜器造型为铸铜而成。据考古出土资料研究，商代的铸范雕饰，先用土制成实心的造型，将主要花纹图案塑在模上，再用泥按部位分块翻范，最后再修整刻花纹，从而制作成线面结合、阴阳并置的青铜器浮雕。这是那时浮雕铜饰艺术的常用处理手法。唐代以后，西域的錾刻工艺技术引进，随着槌揲、雕镂、錾刻等成型技术逐渐为人们所熟悉和掌握，形成了独具中国特色的錾花工艺。这种工艺在表现手法上主要依赖线条疏密、图形表面光洁粗糙对比手法，而不依靠浮雕起伏和体积变化产生美感。錾花工艺另一种技法是敲凸法和敲凹法，敲凸法边缘薄底厚，敲凹法则反之。这两种方法互用，使浮雕造型十分饱满，起伏剧烈。然至近代，我国的金属工艺却发展较慢，锻铜艺术在中国艺术史上几乎已成绝响。随着近代化学与电能的出现，锻铜制作又出现了新工艺、新方法，以立体定形、纳光纳阴、以凹代凸为主要表现手法的多高点现代浮雕应运而生。当那雾中透出一丝铜的光泽，当那雨中夹杂着叮叮当当的錾击声时，人们最终会看到铜的真实质地，锻铜雕终成了青铜艺术特有的语言。

我国的金属工艺有着久远的历史，除三代青铜器主要使用冶铸工艺外，金银器、景泰蓝及乐器中的铜锣、日用铜器中的铜盆和锡器等器皿都广泛使用锤打、錾刻工艺。锻铜工艺是用錾子在铜板上锻锤出各种凹凸造型的一门工艺，绝大部分以红铜为材质。红铜（紫铜）性软富延展性，能够较容易地加工成各种造型图案，并且其暗红的金属光泽还具有沉稳、高贵的品质，既可制作大型壁画、雕塑，又可做灵活的局部点缀装饰。锻铜工艺无论锻铜壁画还是锻铜雕塑，无论小型主体浮雕还是大型叙事式的铜雕文化长廊，都有着手工痕迹显现出来的人性化和生气，并具有

皖风徽韵

丰富的肌理变化和凹凸的强烈视觉感。它所独有的金属感和装饰性，使浮雕式的锻铜作品表现出独特之美。随着大型建筑装饰的兴起，壁画壁饰成了锻铜浮雕的主要样式之一。如锻铜浮雕《四神》，以中国传统的青龙、白虎、朱雀、玄武"四神"为题材，主体纹饰采用高浮雕手法，背景采用传统的纹饰为底纹，形成了多层次的图案化的装饰效果。作品中，主体纹饰要求有一定的浮雕高度，这种高浮雕效果的取得需要多次的高温烘烤和反复敲打，而且要不留敲打的痕迹，做到饱满光滑、线条劲挺流畅。这是对材料和工艺特性的追求，是一种本真的铜雕艺术的装饰风格。

锻铜浮雕作品中，无论人物、动物还是其他形象的设计，都要统合在装饰化的图案风格中，统合在由铜板的材质肌理和錾刻工艺共同形成的结构之中。这既是绘画性的又是雕塑性的，既是艺术性的又是工艺性的，是铜板与錾刻工艺结合的语言。此类作品的色彩往往以紫铜的本色

153

日出黄山

和烧烤后自然遗留的褐黑烟火斑为基调，有时根据需要采用化学方式形成古铜绿色，从而显出锻铜浮雕的材质感和历史韵味；而錾刻过程中留下的大小锤斑和錾纹形成了独特的肌理，它与其独有的紫铜的金属光泽和烟火色调一起构成了青铜艺术的独特的景观。

浮雕铜画：凹凸有致

浮雕，是在平面上雕刻出凹凸起伏形象的一种雕塑，是一种介于圆雕和绘画之间的艺术表现形式。作为雕塑艺术的种类之一，浮雕首先表现出雕塑艺术的一般特征，即它的审美效果不但诉诸视觉而且涉及触觉；而与圆雕相比，浮雕多按照绘画原则来处理空间和形体关系，能表现出圆雕所不能表现的内容和对象，譬如事件和人物的背景与环境、叙事情节的连续与转折、不同时空视角的自由切换、复杂多样事物的穿插和重叠等。平面上的雕琢与塑造，使浮雕可以综合雕塑与绘画的技术优势，保持手法上的多样性。

在中国的传统青铜工艺中，商周铜器上附设有高浮雕和镂空雕把手，便于使用，方便搬运；汉代铜扣镂空的浮雕，可增添服饰的质感对比，同时减轻铜饰物的重量，既具有实用的功能，又体现出当时的装饰手法；而唐代铜镜浮雕制作是一个高峰，铜镜中布满了各种珍禽、异兽、仙花与瑞草，为的是表达对吉祥、富贵及长生不死的渴求，这使传统青铜浮雕处于既是实用品又是艺术品的位置。此后，浮雕艺术逐渐走向繁荣。在传统中国，为祈求死后永生而修造的陵墓，为祭祀祖先神灵而营建的庙宇，以及为颂扬帝王功业而竖立的纪念碑，这些兼具雕塑的实体性和绘画的叙事性的表现形式，大多适应古代社会生活和精神取向，努力营造出一种静穆、神秘与威严。如青铜铺首，源于史前人们对兽类的崇拜，造型从青铜器上的兽面衔耳演化而来，为嘴下衔一环，用于镶嵌在门上作为装饰。汉代寺庙多装饰铺首，以作驱妖辟邪。后民间门扉上应用亦很广，表示避祸求福，祈求神灵保护自己家庭的人财安全。这是金属浮雕由实用艺术向纯审美艺术过渡。

　　铜壁画，一般以高浮雕和低浮雕为主要创作手法，高浮雕较大的空间深度和较强的可塑性，赋予其情感表达形式以庄重、浑厚的效果和恢宏的气势；而浅浮雕则以行云流水般涌动的绘画性线条和多视点切入的平面性构图，传递着抒情诗般的情调。如当代工艺美术大师朱炳仁创作的一组四幅大型铜雕壁画《神兮炎黄》，每幅高 3.5 米，宽 1 米，分别取材于《山海经》中的四个著名神话：夸父追日、女娲补天、精卫填海和大禹治水，采用黄铜、紫铜等材质，融合锻铜、刻铜、镶铜等工艺，以传统的黑古铜和金色为主色调，分别采用两个男性、两个女性面相为主题，浮雕高低辐辏，具有极大的视觉冲击力。这种浮雕手法，利用三维形体的空间起伏或夸张处理，形成浓缩的空间深度感和强烈的视觉冲击力，并富有节奏感和韵律感地表现出充满生气的艺术形象，使铜饰艺术对于形象的塑造具有一种特别的表现力。

文化铜雕

书法铜艺：精金良墨

铜书艺术，是以铜为载体来表现书法艺术的铜饰艺术。这种方式自商周青铜器上铸刻铭文始，沿袭钟鼎器上金文铸铭及铜印篆刻传统，顺流而下。铜书艺术，在明清皇宫内阙内，不乏所见。如沈阳故宫"正大光明"匾为乾隆所书的鎏金铜字；铜书楹联代表则为故宫楹联"六合清宁调玉烛，万春景命辉珠躔"。这种铜饰艺术做工精良，但因其工艺单一而不能自成一派。

书法艺术，是以笔墨变化来展示内在的形式美的，但也常常通过纸张的肌理效果、装裱的款式、画心色块的组合等来追求外在的形式美。铜书是书法艺术载体的扩张，以求形式美的发展。它是将不同内涵的书法作品用不同的铜工艺表现手法来展现的艺术，是将造型艺术中的绘画、雕塑和书法三类艺术综合运用的艺术品。它不仅是从书法本质的笔墨章法、线条构架和流动气势上，更是从其构质载体上追求形式美。作为一个铜书的创作者，其除了要有一定的书法功底外，还必须熟悉铜的秉性，熟悉其铸、锻、刻的不同工艺下的纹理美，熟悉其氧化涂饰、镀

铜书

158　铜书

铜摆件

饰及镶錾镂焊的质感、色感、触感和视感的不同。

　　美国哲学家桑塔耶纳在《美感》一书中说："假如雅典娜的神殿巴特农不是大理石筑成，王冠不是金子制成，星星没有火光，它们将是平淡无力的东西。"铜书作为一种书法艺术表现形式，其铜的质地功不可没。铜书风格或行云流水，或山峦尽叠，或粗犷狂放，或细腻工巧，呈现出的都是书法艺术的金属质地之美。

　　除锻铜浮雕、铜书外，铜饰品类繁多。比如铜圆雕摆件，大多以奇特的夸张、抽象的立体为造型，将写实的形象与装饰化的结构相结合，将艺术作品与人工器物相统合，精雕细作，横生出无限的奇妙与美，共同构筑了源远流长的中国铜雕艺术。

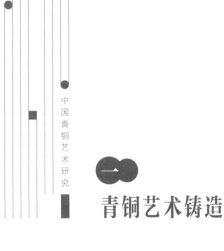

青铜艺术铸造

艺术铸造是艺术设计的物态化，是技术与艺术的完美统一。中国青铜艺术跟金属熔铸、錾刻、铸镶、表面处理等工艺密切相关，其中"模天范地"的铸造工艺是其主要铸造技术。在我国古代金属加工工艺中，铸造占据突出的地位，具有广泛的社会影响。青铜铸造在卜辞中称为"铸黄吕"，是人类继制陶后发现的另一种化学反应造物的方法，它开拓了模具造型的历史，衍生出"模范""陶冶""熔铸""就范"等习语。随着时代的发展，作为艺术铸造类型之一，铜艺铸造已形成了一套颇具特色的铸造工艺，并被广泛运用。

古代青铜铸造工艺

块范法

块范法，或称制范法，是商周时代最先采用的、应用最广的青铜器铸造法。块范法铸造的主要工艺为"制模—翻外范—制内范—合范—浇注—修整"流程：制模即制作欲铸器物的模型，模型制好后翻制外范，或再利用刮削模型来制芯，或从模型空心的腹腔中脱出芯，或利用外范制芯，由此外范和内芯合范。此后，将熔化的青铜溶液沿浇注孔注入，等铜液冷却后，打碎外范，掏出内范，将所铸的铜器取出，经过打磨修整，一件精美的青铜器就制作完成了。以铸造容器为例，此方法具体操作过程为：先制成欲铸器物的模型，模型在铸造工艺上亦称作模或母范；再用泥土敷在模型外面，脱出后用来制作铸件外廓，这在铸造工艺上称为外范，外范要分割成数块，以便从模上脱下。此外还要用泥土制一个体积与容器内腔相当的范，通常称为芯或者称为内范。然后，内外范套合，中间的空隙即为型腔，其间隔为欲铸器物的厚度，最后将熔化的铜液注入此空隙内，待铜液冷却后，除去内外范便可得欲铸器物。

在块范法工艺过程中，一次浇注成完整器形的方法叫"浑铸"或者"整体浇铸"。商周器物多是以此方法铸成，凡以此方法铸成之器，其表面所遗留的线条是连续的，即每条范线均互相连接，这是浑铸的范线特征。分铸法则是器物的各部位不是一次浇铸完成的，而是分别铸成的，并用铸合和焊接等连接方法使之连为一体。一件青铜器器型越大，花饰越繁缛，便越常用多块泥范分铸拼合而成。此外还有叠铸法。所谓叠铸是把许多个范块或成对范片叠合装配，由一个共用的浇道进行浇注，一次得到几十甚至上百个铸件，成本比较低，至今仍在广泛使用。

金属铸造器物首先要有范，范就是铸造所用的模具，铸造什么样的器物就要有什么样的模具。我国最初的铸造技术是使用石范，而后是陶范。由于石料不容易加工，又不耐高温，随着制陶业的发展，很快就改用泥范。在近代砂型铸造之前的三千多年时间里，泥范铸造一直是最主要的铸造方法之一。从考古发掘出土的文物可知，古代劳动人民早期使用的陶范是用黏土制造的模具，这种模具在铸造前需要经过烘烤，所以称为陶范。陶范取材广泛、可塑性强，古代大多数青铜器都是采用陶范铸造而成的。陶范铸造器物有一个最大的缺点——"一器一范"，就是铸造一件器物就要用一件陶范，器物铸成后陶范也因破损而无法再用，因此在古代制造金属铸件时，制范的工作量是很大的。用块范法制造的青铜器最有代表性的是闻名遐迩的后母戊大方鼎。此鼎的鼎身和鼎足采取整体铸造的方法，鼎耳则是在鼎身铸成后，再在其上安模、翻范、浇铸而成的。后母戊大方鼎的鼎身由 4 块腹范、1 块底范、1 块芯座，另加 4 块浇口范合在一起铸成，所需金属料在 1000 公斤以上。泥范分铸方法的应用，开创了与古代西方不同的具有中国特色的范铸技术，这是三千年前中国工匠的杰出创造。

商朝冶铸青铜器示意图

　　此图根据当时的冶铸工序绘制。我国著名考古学家夏鼐认为，商朝冶铸青铜器用的是复合范，复合范的办法是有外模和内模配置，复合而成。图中便是复合范冶铸情况。其中有的奴隶用坩埚往铸范中倒铜水，有的在化铜，有的在指挥复合范的工作。图中还有一部分手持武器的武士和看管奴隶的官员。

失蜡法

失蜡法是中国古代青铜铸造技术中的重要成就之一，它是指用容易熔化的材料，比如黄蜡（蜂蜡）、动物油（牛油）等制成欲铸器物的蜡模。古代失蜡法工艺中所用之蜡，并非今天我们所用的石蜡，而是蜂蜡。石蜡是石油的副产品，春秋战国时代的人们还不认识石油，故而当时的失蜡法工艺所用之蜡料即以蜂蜡作为主料，加以牛油、松香等作为增塑料与增加强度料。这种蜡料配制好以后，可在手中任意揉捏，而熔点一般在30℃以下。

失蜡法先以蜡制模，在蜡模表面敷以配制好的泥料或用细泥浆浇淋，在蜡模表面形成一层泥壳，再在泥壳表面上涂上耐火材料，使之硬化即做成铸型，然后进行加热。因为蜡的熔点很低，加热烘烤时蜡模很快就熔化而流了出来，只剩下泥质外壳，从而形成型腔。这种外壳型腔就是用来浇铸金属器物的范，再向型腔内浇铸铜液，凝固冷却后即可得光洁精密的铸件。简单地说，失蜡法铸造就是先用蜡料制造一件需要铸造的器物，由于蜡料具有受热变软、遇冷变硬、硬度低、可塑性好的特点，可以塑出各种各样形状不同的器物来，同时在蜡条的表面雕刻纹饰也相当方便。古代铸造金属器物一般采用块范法，然而一些外形复杂、特殊的器物采用块范铸造就十分困难。例如，青铜器上呈铜条缠绕状的足、纽、镂空立体装饰花纹等，器型复杂多变，但采用失蜡法铸造就容易多了。

作为古代金属铸造工艺之一，失蜡法的起源很早，在古代埃及、两河流域等地，已经发现有一些采用失蜡法铸造的小型金属铸件。中国的失蜡法是我国古代劳动人民自己创造发明的。湖北省博物馆《曾侯乙墓》一书中有关《青铜尊盘铸造工艺的鉴定》指出：尊盘上重叠的蟠虺纹，其内用多条铜梗连接，梗面光滑，截面略成圆形，连接处接口适中，接面圆滑；铜梗形状弯曲，既起到各层虺纹支撑连接作用，也构成了熔模铸造的浇铸系统。并且，由上可见，春秋战国时期，楚人在学习和吸收其他诸侯国青铜铸造技术的基础上，已开始采用失蜡法铸造青铜器了。

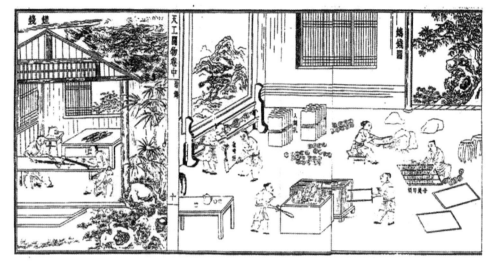

钱币铸造图

到目前为止，在成千上万件考古发掘出土的古代青铜器中，采用失蜡法铸造而成的青铜器总数还不足 10 件，它们几乎都是春秋战国时期的楚墓或受楚文化影响的墓葬中出土的。古代采用失蜡法铸造而成的青铜器，有湖北随县曾侯乙墓中出土的青铜器。该墓属于战国早期，是一座楚国的附属国——曾国的墓葬。墓中出土的青铜尊盘，尊的口沿镂空剔透，成为两层，外层为高低相间的蟠虺纹，内层为蟠螭纹，这些透空附饰即是用失蜡法铸造的。失蜡法是中国青铜铸造史上颇为精彩的段落。20 世纪 40 年代中期，美国工程师奥斯汀在创立以他命名的现代熔模精密铸造技术时，曾从中国传统失蜡法中得到启示。

从泥土到青铜，泥土的可塑性是艺术家表达灵性最恰当的材料，而青铜的凝固性可成就艺术的永恒。

现代艺术铸造工艺

随着时代的递进，金属铸造工艺在更新，在流变，尤其是新材料、新工艺、新技术、新设备不断涌现，为艺术铸造业发展奠定了坚实基础。目前，我国艺术铸造行业获得了显著发展。国内用于制造艺术铸件的铸造技术，大致有传统泥型铸造、砂型铸造、石膏型铸造、陶瓷型铸造、高温硅橡胶离心铸造、金属型铸造等，这使青铜铸造技术有了一个大的飞跃，并制作出许多具有多姿多彩风貌的青铜器。

传统铸造工艺发展

泥型铸造是一种源于传统、以泥料制范的铸造方法，它首先要选用和制备适当的泥料，泥料主要成分是泥土和砂。一般说来，范的黏土含量多些，芯则含砂量多些，而且在二者之中还拌有植物质，比如草木屑，以减少收缩，利于透气。范的泥料备制须极细致，要经过晾晒、破碎、分筛、混匀，并加入适当的水分，将之制成软硬适度的泥土，再经过反复摔打、揉搓，还要经过较长时间的浸润使之定性，然后将这些做好的泥料往模上堆贴，用力压紧而形成外范，再把金属熔液入范浇铸，铸件便成。

砂型铸造是传统艺术铸造方法的延伸，它是以砂、黏土、树脂、水玻璃等材料作为铸型的主要材料进行铸造的，适用于各种形状、大小及各种常用合金铸件的生产。砂型铸造，包括黏土砂、水玻璃砂、自硬树脂砂等砂型铸造工艺，以及浇注系统设计、金属液过滤技术等，其特点是：可以制造形状复杂的毛坯或零件；加工余量小，金属利用率高；适应性强，应用面广。此种铸造方法适合铸造表面粗犷的大中型青铜艺术构件。

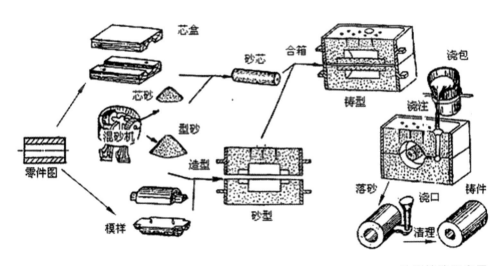

砂型铸造示意图　　**167**

现代铸造工艺创新

石膏型精密铸造工艺，是 20 世纪 70 年代发展起来的一种精密铸造新技术。它是将模具组装并固定在专供灌浆用的砂箱平板上，在真空下把石膏浆料灌入，待浆料凝结后经干燥即可脱除熔模，再经烘干或焙烧成为石膏模型，在真空下往石膏模型中浇注入金属即可获得铸件。目前，石膏型精密铸造工艺的应用可分为两类：一是零点几克至几十克的精密铸件，例如：牙科器械、首饰、眼镜架、艺术手表壳、精密机械零件等；二是几百克至几千克的复杂铸件，例如：艺术摆件、仿真仿生像、琉璃工艺品等。石膏型精密铸造工艺的特点：一是石膏浆料的流动性很好，又能在真空下灌注成型，充型性优良，复模性优异，型精确光洁；二是石膏的热导率很低，充型时合金液流动保持时间长，适宜生产薄壁复杂件；三是石膏型透气性极差，铸件易产生气孔、浇不足等缺陷，应注意合理设置浇注及排气系统。作为一种制造精细铸件的工艺方法，石膏型精密铸造利用石膏浆料在析晶、凝固过程中会产生体积膨胀的特性，以及良好的流动性，复制出蜡模的微小细节，铸造出复杂的铸件，特别适合制作带有深陷的内大外小的型腔和细小孔径，或表面及凹槽布满复杂纹饰的铸件，所制作出来的青铜艺术件纹饰清晰。

陶瓷型铸造是在砂型熔模铸造基础上发展起来的一项新技术，采用质地纯净、热稳定性高的耐火材料作为成型材料。它是利用硅酸乙酯水解液为黏结剂，在催化剂的作用下，通过灌浆、胶合、成型、焙烧等工艺制备艺术构件的方法。陶瓷模具的制造方法可分为两类。一类是使用全陶瓷浆料的模具制造方法。建模过程是先将模型固定在模板上，再放在砂箱上，然后将预先调整好的陶瓷浆料倒入砂箱中，刮去上表面，等待胶水硬化，待浆料有弹性后启动模具，最后点火喷射，待火熄灭后，移入高温炉进行喷涂和燃烧，形成所需铸件。另一类是在底套表面（相当于砂型的背砂层）浇注陶瓷浆的方法，制作陶瓷模。在其生产中，经常使用带底套的复合模具，即直接接触液态金属的表面层浇注陶瓷浆料，其余用砂套或金属套代替。陶瓷型铸造具有高表面光洁度和高尺寸

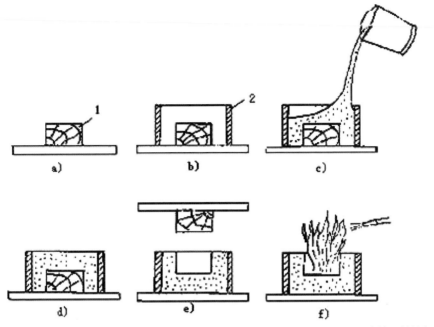

陶瓷型铸造

精度的特点，可铸造大型精密铸件。熔模铸造虽然也能生产尺寸精确、光洁度高的铸件，但由于自身工艺的限制，铸件重量一般较小，最大的只有几十公斤；而陶瓷型铸件的最大产量可达 10 吨以上。因此，陶瓷型铸造，适用于制作表面纹饰清晰繁复、形体厚大的艺术铸件。

金属铸造是一种使用耐热性的合金钢制作中空模型的新型技术工艺，金属型既可采用重力铸造，也可采用压力铸造。金属型的铸型模具能反复多次使用，每浇注一次金属液，就获得一次铸件，寿命很长，生产效率很高。铸件不但尺寸精度好，表面光洁，而且在浇注相同金属液的情况下，其铸件强度要比砂型的更高，更不容易损坏。因此，在大批量生产有色金属的中、小铸件时，只要铸件材料的熔点不过高，一般都优先选用金属型铸造。但是，金属型铸造也有一些不足之处：金属型模具虽然采用了耐热合金钢，但耐热能力仍有限，一般多用于铝合金、锌合金、镁合金的铸造，在铜合金铸造中已较少应用，而用于黑色金属铸造就更少了。

艺术铸造工艺，是由造型材料的配制及相关铸造工序组成的。不同的制模材料如水黏土（陶土）、油黏土（橡皮泥）、蜡及其他几种硬化黏土或低温煅烧黏土，就有不同的铸造方法。不同的铸造方法，各有长短，适用范围也各有不同。近年来，艺术铸造方法发展迅猛，出现以传统失蜡铸造工艺与现代化学铸型相结合来铸造的大件、涂敷法陶瓷型铸造、硅酸乙酯水基液—水玻璃复合型壳材料以及冷铸、电铸、喷铸技术等。这些可提高铸型仿真程度、表面光洁度和克服深孔内腔缺陷的新工艺新材料已被逐渐推广；并且，大容量液压自控保温炉、高压水力清砂、激光测量等现代科技在大型雕塑铸造中的应用已相继出现，而锻铜工艺，作为与铸造工艺迥然有别的艺术制作技术已广为运用。这些技术创新，既增强了作品的艺术效果，又提高了产品质量，使艺术铸造技术前景广阔无限。

青铜艺术锻刻

如果说熔石铸铜有着炉火炳耀的大器之范，那么錾金刻铜则有着龙走蛇行的凹凸之美。铜材料特性比较软，延展性能良好，易于加工成型。青铜锻刻工艺就是利用其可塑性和延展性，以锻、錾、刻等工艺制作图案纹样的过程，显示金属艺术的魅力。

171

錾花敲铜的锻铜工艺

锻铜，又叫錾铜或敲铜，是对金属进行手工加工的工艺，是錾金工艺之一。錾金工艺是一种古老的传统金属手工艺，从距今两三千年前的金沙文化出土的黄金面饰、商周青铜器，到隋唐的金银器皿、辽代的金属面具、明清的金属法器以及建筑物饰件等，无不反映出錾金工艺的艺术表现力。錾金工艺在某些行作中俗称"打胎儿""錾胎儿""錾花"，而在铜工艺中被称作"锻铜"。锻铜是一种区别于铸铜的工艺，它是在铜板上进行创作，利用铜板加热后质地变软、锤打后又恢复坚硬的特性进行加工。其工艺流程为：在设计好器形或图案后，按照一定的工艺流程，以特制的工具和特定的技法，在铜板上加工出千变万化的浮雕状图案。火、锤子和錾子是锻铜的三个重要元素。锻铜师傅手中都有上百把形式各样的錾子，用这些錾子在铜板上勾勒出高低起伏的线条叫"走线"。锻铜工艺可以采取氧气加乙炔产生的高温或生炉鼓风加热，再用皮锤敲打平整。锻铜师傅们在铜板的两侧同时作业，使每一个高低错落的线条达到完美，之后再经过焊接组装、打磨抛光或做旧上色处理，一件作品就完成了。

当叮叮当当的敲击声从铜板上传来，这是匠人在谱写锻铜艺术的篇章。锻铜浮雕是以铜及铜合金板材为主要材料，各类有色金属及黑色金属板材并用，通过锤锻加工制成金属艺术品或工艺品。其工艺适合制作抽象雕塑作品或简约化的具象雕塑作品，雕塑线条流畅简洁，表面处理细腻而肌理丰富，经酸处理做旧后更加具有视觉美感。作为金属浮雕创作的重要表现形式，它依其金属材料所特有的质感和视觉效果，镂空雕花，在壁画、壁饰作品中发挥着重要的作用。随着人民生活水平和审美情趣的提升，锻铜这一传统工艺在工艺美术领域受到越来越多设计师和大众的喜爱。

以刀代笔的刻铜工艺

刻铜工艺最早起源于春秋战国时期的錾铜艺术，是錾铜艺术的再现与创造。自古以来，刻铜艺术就是皇宫贵胄、达官显贵、文人墨客所悉心追求的艺术珍品。古代刻铜艺术品主要用于记录当时的社会历史、人文景观、重大事件、人物传记、装饰欣赏等，主要雕刻器物有墨盒、镇尺、熏炉、茶叶盒、茶壶、水烟袋、酒器、盘等，图案题材以山水、人物、花鸟为主。由于铜器耐氧化，可以上千年不变，所以有较高的历史文化内涵与收藏价值。刻铜的艺术表现力极其精致，雕刻工艺质朴自然，具有浓厚的艺术气息，赋予了书画作品浓烈的金石韵味，又富文人书卷气，充分展示了创作者书法、绘画、雕刻水平以及极高的艺术功底，这就是刻铜的独特魅力所在。

一画一笔尤胜书法，一刀一刻入铜三分。刻铜工艺，即直接在非铸造铜器的平面镌刻之工艺，在铜面上以中、切、挑、铲等技法，刻出阴阳、虚实、飞白等效果，借以再现书画神韵。它吸收了传统竹刻、镶刻、篆刻的技法，集雕、镂、刻、镶、磨、补于一身，融质地、做工、造型、装饰等多种艺术形式为一体。其工艺流程主要有选料、定稿、刻制、打磨、烤色等多道工序，其刻制以阴文刻、阳文刻及双钩浅刻为主要造型手法，线条曲折回转，十分流畅。而在铜板上作画题字，描绘山水，就是将刀变为笔，使山水人物、花鸟虫草、楷书草篆跃于铜板之上。刻铜艺术可谓"毫厘之间尽显大千世界，一把刻刀雕刻百态人生"。

古代青铜艺术装饰工艺

青铜装饰工艺的兴起，是铜工艺在转变期的重要发展，并形成了青铜器铸作的一大流派。中国古代青铜装饰工艺，即表面处理工艺，大致有镶嵌、错银、鎏金、彩绘、表面着色等，不仅可以美化器物，而且对保存器物有着重要的作用，从而使古老的青铜艺术因鎏金错银更加风姿卓绝。

镶珠嵌丝

镶嵌，古代金工传统工艺之一。铸造铜器时，在需镶嵌部位表面铸成浅槽，将松石、红铜片或金银丝、片嵌入凹槽，再打磨平整光滑。其主要工艺如下。

铸镶法："铸镶法"是楚国青铜铸造工艺中的重要方法之一，是利用青铜材质所含合金成分的不同而形成的装饰工艺。在铜的材质中，纯净的铜又称为红铜或紫铜，是一种硬度较低的金属，可以拉制成细丝和制成薄片，我们日常所用的铜质电线就是用纯铜制成的，一般是不能用来制造工具、兵器的；锡是一种硬度更低的金属，人的指甲也可以在锡块的表面划出痕迹来，单独用锡也是不能制造工具、兵器的。然而，用这两种质地较软的金属所制成的青铜合金，其硬度大有不同。因而，在制造青铜剑时，所采用的青铜原料在合金成分上就要兼顾两个方面的性能：硬度与韧性，如青铜剑刃部分要有高的硬度，使其锋利，利于砍杀；剑身部分要有一定的强度和较好的韧性，使剑在激烈的格斗中不会折断。同时，因纯铜、纯锡、青铜（铜锡合金）的熔点随其含锡量的多少而不同，剑脊部因含锡量比刃部少而熔点高一些，因而在铸造的时候，已经铸好的剑脊就不会因高温青铜液的铸入而受到损失，可以完美地铸镶起来。这种先铸剑脊后铸剑刃的工艺即是楚国青铜铸造工艺中"铸镶法"的实际应用。在对楚墓的考古发掘中，我们可见用以上方法制成的

铸镶法青铜制品——淅川下寺云纹铜禁　　175

的青铜剑。此种青铜剑叫"复合剑"，是一种采用含锡量不同的两种铜合金铸造而成的剑。其剑脊（包括剑柄等）部分是采用含锡量比较低的铜合金制成，而剑刃部分采用含锡量比较高的铜合金制成。由于剑脊与剑刃两部分的合金成分存在差别，长埋地下后含锡量低的剑脊常常呈亮黄色或铜绿色，含锡量高的剑刃常常呈浅灰色或灰黑色，由此一件青铜剑上就有了两种颜色，泛亮黄色或铜绿色的剑脊就像是插在青铜剑的中心，所以人们又常常把复合剑称为"双色剑""插心剑"。"铸镶法"可以说是楚国青铜铸造技术中的重要成就之一。

景泰蓝："一件景泰蓝，十件官窑器。"景泰蓝正名"铜胎掐丝珐琅"，俗名"嵌珐琅"，是一种瓷铜结合的独特工艺。其工艺要经过制胎、掐丝、烧焊、点蓝、烧蓝、磨光、镀金 7 道工序，就是在铜质的胎型上，用细而柔软的扁铜丝做线条，在铜制的胎上捏出各种图案花纹焊上，然后把珐琅质的色釉填充在花纹内，经烧制、磨平镀金而成。此种工艺起于元朝，盛于明代，因其在明朝景泰年间盛行，制作技艺比较成熟，使用的珐琅釉多以蓝色为主，故而得名"景泰蓝"。它由阿拉伯工匠带入中原，从一面世就被打上了"御用"的烙印，在六百年间一直被誉为"国之重器"。景泰蓝既运用了青铜工艺，又利用了瓷器工艺，同时又大量引进了传统绘画和雕刻技艺，堪称中国传统工艺的集大成者。其优美的装饰花纹决定于掐丝，华丽的色彩决定于蓝料的配制，制品造型典雅优美、图案华丽多姿，镶嵌的珐琅釉料色分五彩，又经磨光镀金，外观晶莹润泽，鲜艳夺目，给人以圆润坚实、细腻工整、金碧辉煌、繁花似锦的艺术感受。结合景泰蓝文化发展史，还会让人体会到景泰蓝的贵族气质和隐约可见的西域风情。

错金走银

我国古代在青铜器上做金银图案纹饰的方法，可谓镂金错彩，涂画生姿，其主要工艺如下。

镂金错银：金银镶嵌，又称金银错，是中国青铜时代的一种精细装

金银错狩猎纹铜车饰

战国金银错铜壶上的奴隶执长柄扇图

饰工艺，它出现较晚，兴起于春秋中后期。战国、秦汉时期现存的金、银、青铜等器物，大多由这种"金银涂"的方法制作而成。"错，金涂也"，根据文献记载和出土文物，"涂画"法的主要过程如下：第一步是制造"金汞剂"，"金汞剂"的制造是一个化学过程，即将黄金碎片放入坩埚中，加热到 400 摄氏度以上，然后加入 7 倍于黄金的汞熔解成液体，制成所谓的"泥金"；第二步是金涂，使用"泥金"在青铜器或预制凹槽上绘制各种复杂图案；第三步是金烤，即用无烟炭火加热焙烧以蒸发汞，并将黄金图案固定在青铜表面。因此，在汉代一些金银青铜器铭文中，经常出现"金银涂章文工"或"涂工"的工种名称。河南省洛阳金村战国墓出土的错金银斗兽纹镜被公认为金银错精品。战国及两汉时期，出现了大量的金银青铜器，广泛流传于人们生活的各个领域。从春秋到战国初期，金银错兵器的主要特点是金错铭文，如中国国家博物馆的宋公戈，胡部有一枚金光闪闪的鸟印铭文："宋公之（造）戈"，戈内部还有一组金银变形的动物图案。湖北江陵望山楚墓出土的越王勾践剑，在近格处剑面金错鸟篆"越王勾践自作用剑"八个字。西汉桓宽在《盐铁论》一书中记载了"金错蜀杯"。《汉书·食货志》说："错刀，以黄金错其文。"西汉张衡在《四愁诗》中说："美人赠我金错刀，何以报之英琼瑶。"《后汉书·舆服志》记载了汉代官员佩刀制度："佩刀，乘舆黄金通身貂错……诸侯王黄金错。"以上所述，无论是金银蜀杯还是金错刀，都是金银错工艺在各个时代应用的记录。

乌铜走银：乌铜走银是云南特有的中国传统铜制工艺，它以乌铜为胎，在胎上雕刻各种花纹图案，然后将熔化的银或金水"走"入花纹图案的刻痕中，利用高温使银或金与乌铜融为一体，冷却后再经过成型、组装、打磨、抛光、捂黑等技术处理，时间久了底铜自然变为乌黑，透出金银纹图案，呈现出黑白、黑黄分明的装饰效果，古香古色，典雅别致。由于是纯手工工艺，乌铜走银的制作工具也相当的传统，主要工具有风箱、熔炉、铁锤、油灯、吹管、钳子、錾子等，发展至今，工具的更新上增置了"皮老虎"和喷枪，用于加热和走银工序上。乌铜走银的制作工序繁多，技术关键在于"走银"工序，即怎样把银走到乌铜上。不掌握好适当的化学反应原理和热原理，乌铜片上的银将脱落，或乌铜坯将被破坏。乌铜走银就是以其繁杂的纯手工工序造就了细腻入微的纯美艺术品。"走"字是乌铜走银的精髓，白亮的银行走于乌黑的铜之上，像生命流动，有着惊艳之美。

鎏金焕彩

鎏金是古代金属工艺装饰技法之一，是用涂抹金汞剂镀金的方法。这种技术在春秋战国时已经出现，汉代称"金涂"或"黄涂"。陕西茂陵一号从葬坑出土的鎏金银竹节铜熏炉，炉盖外侧及圈足均刻有铭文，铭文中有"内者未央尚卧，金黄涂竹节熏炉一具"字样，而宋代《集韵》中则有"美金谓之鎏"之说。鎏金是把金和水银合成的金汞剂涂在铜器表层，加热使水银蒸发，使金牢固地附在铜器表面不脱落的技术。鎏金方法大体可分为五个过程：一是仿金棍，预备一根铜棍，将前端打扁，略翘起，沾上水银，晾干即成"金棍"；二是煞金，即熔解黄金，用水银熔解，待金熔解后，倒入冷水盆中，使之成为稠泥状，叫作"金泥"；三是抹金，即在器物上涂抹金泥；四是开金，将烧红的无烟木炭放在扁形的铁丝笼中，用金属棍挑着，围着抹金的地方烤，以蒸发金泥中的水银，使黄金紧贴器物表面；五是压光，用玛瑙或硬度达到七八度的玉石做成的压子在镀金面反复磨压，把镀金压平，用以加固和提亮。河南辉县固围村一号墓祭祀坑出土的一件璜，用七块玉石和两枚鎏金的铜兽制成，是已发现的最早的鎏金器物。十六国时期是中国佛教艺术的辉煌时代，佛教造像始现，鎏金佛像多见，那些用铜或青铜铸造、表面鎏金的佛造像，俗称"鎏金铜佛像"，主要供宫廷、寺庙使用，后盛行于隋唐，延续至明清。在古代铜饰件装饰中还有鎏银，其工艺方法与鎏金相近，亦是用银汞剂抹于器表。鉴别一件器物表面是否鎏金，主要是看其表层是否残留有汞。

斑铜星灿

"锤造炉瓶成冰形，而斑斓者为斑铜。"斑铜工艺是云南独有的特色传统工艺，至今已有300多年的历史了。斑铜的工艺制作复杂而严格，它采用高品位的铜基合金原料，经过铸造成型，精工打磨，以及复杂的工艺处理制作而成器。"斑"作为云南斑铜最早的样态，又叫"老斑铜"，是以含铜量高达90%的天然矿石直接锻打成形。清代吴大勋《滇南闻见录》对它这样描述："自来铜，不可经火，须生锤成器。如锤成炉，则宝色倍于寻常之炉；如锤成镯，常佩之可以医遗症，体中有病，则铜之色预变黑黯，若经火者不能也。铜内有砂土夹杂，锤之易于折裂，难于光润，须加功磨洗，可悟生质之美者，不学则亦无以自成耳。"而熟斑则是用铜基经过合金熔炼、浇铸、磨光、人工着色显斑等工序精细打造而成，其工艺从民国时期初成。而如何让铜基中多姿多样的斑花固化在作品中，如何让铜绿恰到好处地"长"在需要的位置，如何长久稳定显露斑花而不褪色变暗，这些都是斑铜的技艺。铜出云南，七彩斑斓。斑铜作品以褐红色的表面呈现出离奇闪烁、瑰丽斑驳、变化微妙的斑花而独树一帜，有着浑厚古朴、典雅富丽、熠熠生辉的艺术效果，被称为"妙在有斑，贵在浑厚"。

当然，青铜装饰工艺还有许多，如制作古代越王勾践剑精美黑色菱形纹的蚀刻工艺，使铜镜表面白亮千年不锈的水银沁工艺等。这些都呈现出中国古老青铜铸造之美。

四

现代金属工艺科学发展

　　精华理应传承，发展更需时代。随着新工艺、新观念、新材料的发展，我国金属工艺在继承传统的基础上正在汲取科技的力量，与时俱进，不断创新，在发展中不断探索新形态或新方式，以更好地服务现代生活，实现从传统到现代的历史性的活态传承与时代转化。这不仅是时代发展的外部因素推动所致，更是满足工艺本身的内生活力所需。现代金属工艺的发展，不仅促进了其自身旺盛生命力的自发性生长，而且为传统艺术形式增添了年轻的艺术生命力，并承担着传承传统文化的社会使命。

电气化：电焊、电铸和电镀

在传统铸造业实施电气化，是传统工艺创新的路径之一。在青铜工艺中，使用电焊、电铸、电镀已颇为普遍。电焊是一种利用焊条和电弧高温熔化金属部件需要连接的地方，从而实现连接金属的制造方法。电焊在艺术领域表现为焊接雕塑艺术，即以金属材料为对象，以运用焊接技术为主的一种造型艺术。自 1881 年俄国的贝纳尔多斯发明电弧焊至今，焊接技术经 100 多年的发展，焊接雕塑艺术才得以诞生，给雕塑界作品带来创作手法上的革新。它使雕塑家们不再局限于传统的雕、刻、捏、熔，而是通过电焊机器，将一些精心挑选的各种形状的金属，进行有意识有计划的焊接，从而形成一件作品。这种焊接雕塑作品不再受重心的限制，也解决了材料衔接这一难题，而且在作品的保存上也大大优于其他材质的作品。换句话说，焊接雕塑艺术是运用焊接技术，使冷冰冰的金属获得生命的一种艺术。此外，电铸是通过电沉积的方法，使金属在铸模上沉积形成壳层，其形状和粗糙度与芯模相同，从而加工或复制工件。这种电铸方法可用石膏做母型，在母型上涂蜡，再用石膏糊涂抹在蜡层上烘干，在蜡层上浇铸低熔点合金，然后熔掉石膏像，放入电解液。该方法生产工艺简单，成本低，适合大批量生产，可用以铸铜字，特别是工艺字、仿古铜器、铜模具及工艺品。而电镀则是一种电沉过程，是基体物质表面通过电化学反应，使金属附着于物体表面的过程。这种工艺能对铜器表面进行修饰处理，其"电镀锈"则可用类似工业中金属表面电镀技术，在铜器表面镀"水银皮"或"黑漆古"等皮壳。

技术化：青铜热着色

传统青铜着色法大多是采用冷着色法或自然着色法，办法就是把青铜件放到室外或埋在土里，加上一些配方，使其慢慢地在表面上起颜色变化。自铜雕塑表面热着色技术引进国内以来，经过艺术铸造行业的实践和努力，当下这种着色技术在国内已成为主流。青铜热着色是以加热的方式，促使化合物与青铜表面产生化学反应，而自然产生各种颜色，以达到装饰青铜表面的效果。其做法是按设计者的愿望，把各种材料运用到青铜表面上，以此产生化学变化形成化学色彩。这种工艺对铜雕塑表面的光洁程度有苛刻的要求，对火候和温度也有着严格的要求。着色时通过高温火枪灼烧铜雕工艺品表面上色，按不同色彩用不同化学配方，通过对温度的掌握、时间的控制、手法的操作等去达到预期的色彩效果。这种工艺技术关键在于把握火候，每一秒的颜色都起着变化，应该在哪一秒停下来，才能达到理想的效果，取决于操作者的美感判断；还有温度的控制，不同的颜色对温度有不同的要求，低了达不到理想色标，高了会灼烧表面颜色；同时，通过"喷雾式"或"毛笔式"的技法对色彩表现的形式加以发挥和控制，使色彩效果如设计者所愿而精美动人。青铜热着色工艺不同于物理喷涂着色，着好后的颜色看上去就如同从铜雕内部透出来的一样，丰富、自然、厚重、牢固，可以体现多层次的棕黄色、黑色，里面渗透着深和浅的绿色，色彩漂亮又能控制，不仅增加了艺术效果，还具有强烈的情感。

数字化：数字建模和 3D 打印

时代的进步总是伴随着科技的创新，如今迅猛发展的 3D 打印技术，是一种运用高科技的电脑雕刻技术，已经在很多领域广泛使用。在艺术领域，3D 打印技术也不鲜见，那么在雕塑创作中实现立体分析、三维建模、3D 雕刻会有哪些优势呢？三维建模技术是利用制图软件（如 CAD）建立空间模型的过程，能够在计算机环境下实现三维物体的真实再现。它是对现实世界的三维物体进行模拟和建模，是在三维空间中对物体形状、材质、色彩、光照以及运动等属性进行研究，以达到 3D 再现的过程。3D 雕刻也称为数字雕刻，依靠激光将金属粉末熔解成型，可以直接从 3D 模型生成雕塑作品，不再需要经过手工转化的铸造阶段，突破了手工造型在细节表达方面的极限，彻底改变了雕塑的生产方式。随着数字建模、3D 打印等新技术在雕塑行业的发展及应用，雕塑的雕刻周期大大缩减，难度也大大简化，节约了大量的人力、物力。在雕塑的创作构思阶段，可以利用 3D 打印技术的快捷再现功能获取详细的物象造型资料，省却一些写生活动；在创作小稿阶段，可以利用 3D 打印技术在短时间内制作出不同的小稿，以便加以取舍和推敲。相对于传统的雕塑来说，3D 打印在技术上的优势是明显的，可以促进雕塑艺术在形式上、内容上和材料上的多元拓展，可以获得极为整饬、复杂和精准的造型，并且可以随意进行等比例的放大和缩小，为雕塑创作省却很多复杂烦琐的过程。青铜工艺在保持传统工艺的基础上，积极引进高端技术，实现数字技术革新，通过三维扫描、虚拟现实、3D 打印等技术，并运用雕塑机器人，直接设计打印雕塑模型，实现全数字化雕塑的放样和石膏模型制作。如雕塑机器人，其灵活的"关节"让作业臂在各个角度收放自如；能够雕刻微小雕塑；丰富的刀头配置使得雕刻精度得到提高，外表光洁度好，利于锻造；能雕刻泡沫、代木、密度板、实木等多种材质，满足多元需求；快速的雕刻速度，可实现雕塑作品的快速出样。这些技术的运用，能给青铜艺术插上快速发展的翅膀。当然，数字技术作为一种工具，是一种机械化的操作，与艺术家的创作有着根本区别。它必须与艺术结合，只有在艺术家的手中，才能最大地发挥它为艺术服

朱尚熹数字雕塑作品　　**185**

务的作用，才能制造出富于生命力的艺术作品。

传统手工艺是以人类手工技艺制作的具有艺术风格的工艺美术，它是中华民族生活状态的体现，是生活与技术的融合。近年来，伴随着虚拟现实技术的成熟，人们注重运用数字化和信息化等科技手段去实现传统手工艺的数字化传承与创新，在铜艺虚拟设计流程中实现价值创造。而 VR 技术、短视频社区、微信公众平台等数字化技术，也为传统工艺当下发展提供了多元化路径。如：在数字雕塑创作网展中，朱尚熹将数字雕塑置于实际场景中。

材料化：多材质组合

当代，从青铜雕塑到金属雕塑再到多材质合成雕塑，是当代青铜艺术的走向之一。金属雕塑，泛指一切以金属材料表现出来的雕塑作品。传统的金属雕塑，大多是青铜为主，金属只是被动地充当雕塑用材，很少有真正意义上从考虑金属材质的特性来创作的。随着雕塑艺术的发展和艺术家自身的成长，金属雕塑艺术在雕塑艺术中的主导地位也日趋明显。雕塑家佩夫斯奈利用青铜的可塑性，通过数学计算，制作大量的"数学式"青铜构成雕塑，结构十分严谨，并且作品中往往加上许多有规律的线形装饰。其作品《空间中的发射》即是一个螺旋状抽象结构，曲面上的辐射线加强了它的旋转效果，它的结构吸引着观众的目光沿其周边巡视，几乎能迫使观众绕它环行。中国金属雕塑出现较晚，但不少艺术家都在进行着这一从雕塑材料至雕塑观念转变的尝试，充分利用材料的体积、色泽、肌理、节奏和速度等视学要素，以及其他技术手段，唤起人们与时代的共鸣和心灵的沟通。如有些作品用金属球，表示人类居住的地球；有些作品描绘了飞翔的形象，代表着精神上的自由。此外，装置艺术也出现了。艺术家在特定的时空环境里，将人类日常生活中的已消费或未消费过的物质文化实体进行艺术性的选择、利用、改造、组合，令其演绎出新的展示个体或群体丰富的精神文化意蕴的艺术形态，从而创作出"场地 + 材料 + 情感"的综合展示艺术。这种铜材料与多种材料的组合，将艺术的想象与材料的自然效果融为一体，给观者以空间审美的极大自由。

创新无限，艺术无界。在高科技发展日新月异的今天，艺术家只有采取自由、开放的态度来引进新技术，实现技术与艺术的完美融合，才能给青铜艺术带来新的变革，拓展崭新的创作空间。

传统青铜铸造工艺与现代数字制作工艺比较

一、传统青铜铸造工艺流程

从泥土到青铜，从塑型到焙烧，我们感受到了金属铸造的细微，领略到了技术的精密和艺术的质感。一件铜器的铸造有着众多的工艺环节，其一般工艺流程大略如下：

雕刻塑模：制图→骨架→放大→构塑；

翻范成型：翻制范模→浇口系统→制作围模；

熔炼浇铸：熔炼→浇注→脱模；

表面精整：清洗精整→表面着色→现场安装。

以上是制模—翻范—成型的流程，是从原模（铸件原型：正像）到范型（以备浇注熔化金属的模型：负像）再到铸型（凝固后所成之铸件：正像）的正反相成的过程，与之相对应的是制模车间、蜡模车间、铸造车间、精修车间（贴金、配焊中心）等，并且每一道工序都有一定的技术参数限定。有些艺术铸造可从原模直接制型而成，如黏土制模后直接烧制，经氧化、上釉、上光、上色后即成陶器；如石膏、水泥等不需翻范浇铸，即可一次成型。这是青铜铸造与陶器制作等的工艺流程的不同处。青铜铸造需要制模翻范，有个熔炼浇注成型的过程。

步骤一：雕刻塑模

雕塑是以黏土等进行雕刻塑型、制作原模的过程。

（1）雕塑准备

雕刻塑模需要一定的工作场地，需要模型台、打磨机、刮刀等设备和用具，还要准备一些黏土、铁丝等材料，这样就可以开始工作了。当然，创作者掌握一些雕塑艺术知识和纯物理性的雕刻技术是必然的。雕塑制模的材料主要有黏土、蜡等，其中黏土主要有水黏土（陶土）、油黏土（橡皮泥）及其他几种硬化黏土或低温煅烧黏土。

水黏土：水黏土大致可以分为陶土、粗陶土和瓷土三类，其中陶土可塑性强，即黏性大，伸展性强，适宜做模型。水黏土在水的润滑下很柔软，水蒸发后会变硬，受热时黏土分子间会形成强烈的黏合力，并且使它难以再升温，从而具有防火性。水黏土所用助燃添加剂，最普遍的是陶渣和沙子，可按多种比例添加。在用水黏土制模时应注意两大事项：紧附骨架和保持湿润。如果黏土开始从骨架上滑落，可在黏土下方加支撑物，或在底部堆一些黏土，或用棍子来支撑，或把黏土挖开露出骨架，然后填上木块、石膏片及其他材料，再重新抹上黏土。黏土易风干，为防止黏土变硬碎落，应保持黏土湿润，可在雕塑上覆盖塑料袋，或用喷水器在黏土上洒水。如果黏土真的变硬了，可用湿布把它包裹起来，使其变柔软，布的湿度和包裹的时间长短决定了黏土的湿度。黏土自然变硬后，就可以进行适时雕刻和表面抛光工作了。

油黏土：油黏土（橡皮泥）是一种用油或蜡代替水搅拌而成的黏土，主要特点是从不变干变硬，油量大，很结实，比其他黏土雕塑所用骨架少，硬度更适合精雕细作和抛光，是快速制作雕塑比较理想的材料。在湿润的情况下，油黏土不易改变硬度，可用白炽灯、加热筒、烧烤箱等，使油黏土变得柔软便于快速雕塑。用油黏土制模，选一种足够硬的黏土用来抛光，然后加热使它变软来雕塑。

蜡：蜡如油黏土一样柔软，但轻而结实，比普通黏土所需的骨架少，很适合做有精致细节的小型雕塑作品。用蜡制模和用油黏土制模一样，蜡块可以直接翻铸成金属雕塑，省去了一些中间的程序，但只能得到一个铸件，因为蜡熔化后不能再使用了。

自行硬化黏土：黏土硬化的主要方式有两类，一是在空气中风干变硬，一是加热形成一个硬模。能自行硬化的黏土的最大特点是无须翻范浇铸就可以用来做各种非金属雕塑，硬度很适合展览和无限期保存。

选材是雕塑前主要准备工作之一。制模时，原料可选用陶土、木竹、骨石等各种质料，具体选用何种质料要视铸件的几何形状而定，并要考虑花纹雕刻与拔模的方便。一般说来，形状细长扁平的刀具，可以用竹木削制而成；较小的鸟兽动物形体可以用骨石雕刻为模；对于形状厚重比较大的鼎、彝诸器，则选用陶土。如陶模的泥料黏土含量可以多一些，混以烧土粉、炭末、草料或者其他有机物，并掌握好调配泥料时的含水量，使之有较低的收缩率与适宜的透气性，以便在塑成后避免因为干燥、焙烧而发生龟裂现象。

（2）设计图纸

对任何一位从事表现艺术设计的人来说，图纸都是重要的。从事美术、建筑、室内设计等行业的人，都必须掌握如何绘制图纸，因为它是一切设计的基础，有助于形成真实的想象。图纸是将三维空间的形体转换成具有立体感的二维空间画面的绘图技法，并能真实地再现设计师的预想。它不但要注意材质感，而且要关注色面构成、构图、空间把握等问题。

（3）扎骨架

做船时船工总从龙骨开始，龙骨的形状决定了船的形状。雕塑也是如此，它可由黏土、蜡等材料本身提供支撑力，但一般都有内部骨架。内部骨架是用来支撑黏土的坚固结构，它可以是普通的反复使用的支撑物，也可以是专为某座雕塑制作的一次性结构；可以是坚固独立的内部支撑物，也可以是由外部提供支持的支撑物。制作骨架的材料有钢管、连接配件（如螺丝、套管）、骨架连接线（如特制的柔软坚固的铝线、铜线）等，其他材料如木头、各种金属条、管件、金属片及橡胶带也可以。为了方便制作和以后的浇铸，有些骨架可做成可拆卸的，其最容易的方法是用可嵌套的方形套管，这样不仅可以把骨架拆开，还可以改变雕塑的形体。而骨架形成了雕塑的基本轮廓、形体和比例关系。

制作骨架的主要步骤为：首先，安装底座、垂直固定支架、水平强化部件；然后在地板上按尺寸画一幅草图，画出骨骼线，然后将制作好的骨架线放在图上弯曲和截取，用橡皮条捆在一起，再连接到装置上。比如制作人体雕塑的内部骨架，人体躯干上有五个突出部分：两条胳膊、两条腿和头部，大多数人体雕塑骨架是由一个护铁提供支撑的，安装在护铁上的水平的螺丝接口大约从腰部进入，连接线穿过这个交会点并分别通往五个突出部分，两条手臂使用一条线，头部线向下引进胸部，然后把它和胸部的一条线捆在一起，如此即成。在制作大型雕塑时，骨架尤为重要，因为它要承担大得多的重量。大型骨架制作需特别小心，先设计草图，再用柔软的金属线制作一定比例的小型模型，然后将骨架放大。此外，为增加支撑力，还需尽量使用如木头、布条、泡沫塑料、铝箔等填充材料。填充材料不但可以减轻黏土的重量，还可以使黏土更牢地附在上面。

（4）放大

在铸造大型雕塑时，我们往往采取以下步骤：第一步，用油黏土、蜡、黏土或其他易于操作的材料铸造一个小型的概念模型，即一个移动方便、可供修改的三维体；第二步，制作工作模型，工作模型比概念模型大，相当具体细致，通常是按一定比例做成的雕塑模型，比如相当于所需模型的 1/3、1/4 等，工作模型决定了成品的形状和细节，可向客户展示成品的市场形状；第三步，对初步设计的工作模型进行放大。

雕塑放大的方法主要有以下几种。

肉眼估算法：用眼睛对雕塑进行目测，然后放大；

栅格法：在初步设计的模型和放大物的基座上，分别画出成比例的两个格子，然后标出初步设计的模型的突出部分在小格子上的位置，再在大格子上确定雕塑的突出部分的落点位置，然后计算高度，并以钻锤验证放大物的落点是否到位；

放大仪：用可调试标尺、垂直竖杆、水平横杆和指示器等仪器，量取空间各点位置，然后进行成比例放大；

切片法：做一个小石膏原型，然后放在带锯上切成片，每一片都用聚乙烯泡沫塑料、硬纸板等放大，再把这些放大的片打孔和堆排，并在整个外形上用厚度均衡的油黏土盖住，从而达到扩大的效果；

电脑生成碾磨法：用激光扫描设计模型，然后把表面的众多点拷入电脑，再用一个特殊的三维碾压机碾磨这些点，刻成一个密度大的坚硬的泡沫塑料。这种方法可以产生一些放大的泡沫塑料品。

雕塑放大方法很多，我们也可寻找属于自己的放大方法。

（5）构塑

构塑是将黏土敷到骨架上面去。在构塑时，应通过凿、橡皮、画笔及金属形工具或手指，将雕塑压痕磨平，此时手指一如绘画的笔锋，刻画出雕塑的纹理。构塑成型后，应全视角观察雕塑，如轻轻转动雕塑或慢慢绕它走，观察它不断变换轮廓和形式，使其整个形状和特征随着转动而变化。

这是制模打样的工艺环节，塑模出样后便可进入翻范成型环节。如泥模在塑成后，应使其在室温中逐渐干燥，纹饰要在其干到适当的硬度时雕刻。对于布局严谨、规范整齐的纹饰，一般先在素胎上用色笔起稿，而后再进行雕刻，高出器表的花纹则用泥在表面堆塑成形，再在其上雕刻花纹。泥模制成后，须置入窑内焙烧成陶模才能用来翻范。

《徽风狮》雕刻塑模：效果图—泥塑稿—修改泥塑稿—完成后雕塑效果。徽风狮孔武有力，宏伟大气，栩栩如生

步骤二：翻范成型

《印典》云："印范，用洁净细泥，和以稻草，烧透，俟冷，捣如粉，沥生泥浆调之，涂于蜡上，或晒，或阴干，但少近火……"金属铸造器物首先要有范，范就是铸造所用的模具，铸造什么样的器物就要有什么样的模具。从原模翻范技术性很强，是铸造技术的中心环节。

（1）翻制范模

不同的铸造法所用的制范材料，如耐火材料、黏结剂、催化剂、脱模剂、透气剂等存在差异。范模基本上可分为两类：一是可塑性材料，即范模可弯曲、折叠从原型中取下；一是硬质材料，称硬模，较少使用。可塑性范模主要用材有聚氨酯、硅铜等，最常见的是用橡胶和混合物制成的橡皮模。可塑性范模制作方法主要有涂抹型和浇铸型，如果铸件表面结构丰富，细处多，可使用此模，以达制作精细的效果。而石膏是制作硬模的最简单的材料，凝固速度快、耐用，易于操作。石膏模主要适用于蜡、黏土、水泥、塑料以及低温金属的铸造，若将石膏和砂或别的耐火物质混合，也可用于铸造青铜铸件。

涂抹型可塑性范模制作

涂抹型可塑性范模制作的基本环节为：

涂抹：在雕塑上喷过适当的脱膜剂后，用刷子、抹刀涂上橡胶，也可用压缩管将橡胶吹到物上，然后继续层层涂上橡胶，使之硫化；

硫化：一般聚酯胶 6 小时左右硫化，不过有时受到室温等影响，一层橡胶硫化后，再涂下一层，而整个模型需更长的时间硫化；

接缝与分隔线：为使模型能分开，需用泥墙、金属热片、纸垫等，在模型上制作接缝和分隔线，而接缝上常有些隆起的楔子，用来对准一些空心部分，便于安装母模。

母模：制作母模主要使用石膏与塑料两种材料，石膏最为普遍。母模是个硬壳，将其套在橡胶上，可防止将橡胶从雕塑中取下时产生振荡，母模应可移动，易于组装。若使用泥墙、金属片或纸片进行分隔，模型中就有嵌入的接缝及突起的边缘，在此装入母模，会形成自然的分隔点。

若使用切割法或没有突起的边缘，就必须将母模切分成几个部件，以便移动。制作母模后，简单的母模可用橡皮圈圈起来，但复杂的模型则需一个固定的连接系统，如嵌入式钢架等。如此母模制作完毕。

取模：母模取出后，用把尖刀沿边缘将橡皮割下，取出原型，合拢时模型会原样回到原型中适当的位置上。

浇铸型可塑性范模制作

浇铸型可塑性范模制作基本程序为：母模做好后，在母模与雕塑之间留点空间，然后将很稀的橡胶混合物注入模型。其具体操作过程为：先在雕塑上塑上一层黏土，形状跟后来的橡皮模一样，顶部留有漏道或浇口，并在这一层上装好母模；然后将母模和黏土层取下，在雕塑及母模里边喷上脱模剂后将两部分按原来的位置重新连接，将整个结合体拴紧，接着将橡胶倒入顶部的浇口进行灌浆，将黏土层留下的空间填满；待橡胶硫化后起模，取下母模，将橡皮层切成需要的各个部分取下，再将其重新接合成一个能承受一定熔化物的整体，如此范模即成。

硬模制作

硬模主要是消耗性范模，它是从柔软的原模（如黏土）中取下，会损及原型，熔化金属倒入后，模型就会破裂脱落，整个模型会慢慢消耗的范模。而压模则是由金属经雕刻或机制而成，压模极少用于雕塑，只适用于数量较大的批量生产。其中，消耗性范模如石膏模的制作方法为：

分隔方法：石膏模一般要分成两半才能从原型中取出。最普遍的分隔方式是使用青铜热片或金属热片，轻轻推入黏土，形成一道竖墙，按要求将雕塑分隔开；另一种方式可使用泥墙分隔，即在雕塑的表面涂上光滑平整的黏土片，并用尺控制泥墙的厚度。

石膏混合：石膏是一种平滑的白色的粉状物质，在与水混合后短时间内即凝固，并且在水中也会凝固。石膏混合方式多，基本上都是将石膏倒入水中搅拌。在操作时，要防止石膏沉积在排水管内。

石膏涂抹：为防止模型与铸型都是白色而在凿穿时难以分清，需在模型上涂上一层有色石膏，如漂白剂或粉状染料，可用手或橡皮擦之类

中国青铜艺术研究

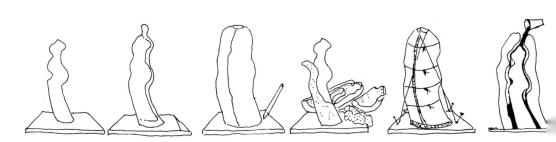

浇铸型翻范流程：雕像—盖上一层黏土后的雕像—已装好母模—取下母模，刮下黏土层—
重新将母模装上绑好—倒入材料浇铸成范

的软工具轻涂，或用短管吹涂，如此，凿穿白层，到达有色层就知道到
铸型了，然后再涂上一层稍稠的石膏，涂时厚度要均匀，涂后还要清理
多余的石膏和边缘。

打开模型：整个模型涂上石膏，凝固后撬开。撬开较坚硬的模型，
最好的方法是削一些三角形小木块，钉在模型的接缝上，依次拍一拍，
使其均匀受力。对于由黏土制成的模型，在接缝分开时可以灌入大量的
水，以减轻吸力并使黏土变得柔软些。打开之后，将里面的黏土全部清
理出来，即成。

（2）浇注系统

浇注系统是指能使金属注入范模的管道，一般由浇杯、浇口、管道
和铸模出气口组成。浇注系统主要有两种：一是顶部进料系统，即将金
属注入模型顶部，自上而下地将模型注满；二是底部进料系统，即将金
属通过浇口的底部注入模型，自下而上地把空处填满，空气通过出气口
排出。这两种系统各有特点，顶部进料系统用于陶壳模型效果好，而用
于实心围模时效果欠佳，对于大型铸件似乎底部进料系统好些。此外，
还有利用真空吸引力的"反引力"进料系统，此类系统可用在模型内部，
也可用在模型外部。

浇注系统的设计

首先，将模型按围模时的位置摆好，然后选择系统内部浇注还是外
部浇注、顶部进料系统还是底部进料系统，然后选择从哪一部位进料加

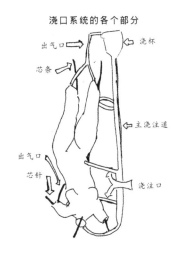

浇口系统的各个部分

出气口　　　←浇杯
芯条
←主浇注道
出气口
芯针
浇注口

顶部进料系统

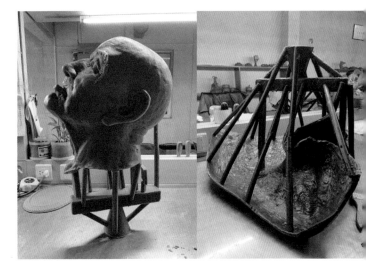

浇注系统设计图

上浇口，再考虑浇口与主浇注道之间的角度，并应考虑金属注入每一个浇口的顺序，不要让金属从相反的方向注入空洞。

浇注系统的安装

把浇注道和浇口粘起来，再把它们粘到蜡像上，然后在模型上装上足够的出气孔，即可。

（3）围模

装好浇注系统后便需进行围模了，围模主要有实心围模和陶壳围模两种方法。

实心围模法：实心围模是由石膏、沙子、陶渣、珍珠岩粉、硅粉等各种不同的耐火材料制成围模，其方法为：先浇注型芯，型芯是模型内部的一块能使雕塑空心之物，可使用芯针支撑（如将穿过空心蜡像的金属针，搁在型芯和围墙外部，来防止型芯移动），也可使用芯条支撑（如将钢筋条插在蜡模上，不需要穿过蜡像而对型芯进行支撑）；然后涂上多层围模层，并可在二、三层之间加些钢质纤维，将多层结合成一个整体；然后搅拌混合物，将混合物制作成外筒，直到整个圆筒装满混合物，围模完成。

陶壳围模使用的材料主要有灰泥（一种胶质的硅混合物）和灰墁两种，先将陶壳固定在胶体硅上，然后将蜡模浸入胶浆，取出后抹上一层粉状的耐火物质（如石膏），通过加热即成。

由上，范模再经加热、脱蜡、烧干，就可用来浇铸了。

步骤三：熔炼浇铸

熔炼浇铸是指将金属放在坩埚里加热熔化后，将金属液倒入范模让其凝固，然后从模型中取出的过程。浇铸分为非金属浇铸和金属浇铸两类，金属浇铸材料可为铜、铝、不锈钢、铁、金、银等，铜雕即是金属浇铸之一种。

金属浇铸方法主要有两种：失蜡铸造和砂模铸造。失蜡铸造普遍用于制作小型雕塑，其制作过程为：对蜡加热使之熔化，或直接用热刀和烙铁对蜡进行雕塑，制成蜡模；然后用围模法浇上一层耐热的模型材料，将围模加热至蜡开始熔化，最后烧干，留下跟蜡像一个模样的空心；再将金属熔液倒入这个空心，一旦冷却，围模脱蜡，一个与蜡像形状相同的金属复制品就做成了。而砂模铸造是指用翻铸用的范为砂作范模，此法主要用于制作大套艺术雕塑。

熔浇金属的主要设备有熔炉和坩埚等。熔炉是用来熔化金属的设备，一般由带耐火材料的缸、燃烧器、鼓风机及电控装置组成，使用时或将金属熔于炉中，然后将其举起来进行浇注；或直接装入金属，然后借助喷嘴将金属倒入坩埚，再进行浇注；或让金属在炉内熔化后通过底部的排泄管流到坩埚中。而坩埚是置于炉中装金属的设备，此外还有用于摆放坩埚、倾倒金属的浇包手柄、钳子等，用于防烫防热的面罩以及滗渣器、高温计、搅拌棍、钢锭模等。其基本程序为：

熔化：将金属放入熔炉中熔化成金属液体。

浇注：金属熔化达到一定温度时，应马上进行浇注。刚焙烧好的范应趁热浇注，不然则需在临浇注前对范进行预热。浇注时，先将熔炉关掉，用钳子与浇包手柄提起坩埚，用滗渣器将金属上面的杂质滗掉，等金属熔液干净后，迅速均匀地倒入模的浇杯中。浇注时，要注意金属液

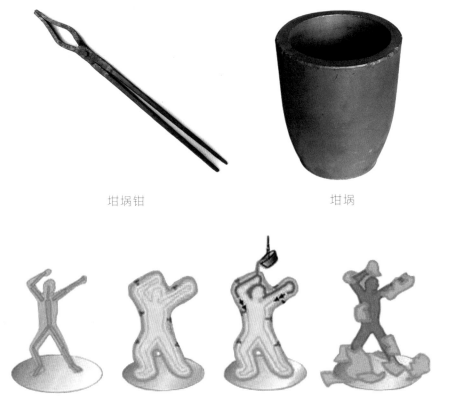

坩埚钳   坩埚

浇铸流程示意图

的流动，流动到哪个位置，以什么顺序，以及要流多远，然后通过最少数的浇口将热金属快而平地倒入，直到浇口与气孔皆充满铜液为止；并且铸型中的液态金属流入型腔时，要注意合金的结晶温度、氧化、裂纹倾向等。器物应倒着浇，可将气孔与铜液中的杂质集中于器底，使器物中上部致密，花纹清晰。

脱模：指待铜液凝固冷却后，把金属模型从围模中取出来。脱模时，应在冷却后，使用锤子敲击、凿子撬剔、水管冲洗等方法，并为防止铸件裂纹与变形，经打箱后，去范取出铸件，一个粗糙铸件就做成了。

熔炼浇铸要注意安全，要时刻记住预热，千万不要将没经过预热的东西放入热熔金属中；要戴上合适的安全防护工具，常备二氧化碳灭火器，并且应在地面上盖上耐火砖或沙子。除金属外，许多材料也适用于铸件的铸造，如石膏、树脂、水泥、混凝土等，一些新材料也层出不穷，

197

但它们的浇铸工艺大致相同。

步骤四：表面精整

表面精整是指青铜铸件去范取出后对其进行清洗、组合、修补、精整、上色的过程。

（1）精整

精整是清理、修补及焊接铸件，通过锤击、锯挫、錾凿和打磨，消去铸件多余的铜块、毛刺和飞边，使铸件表面变得精致。

清洗：用电动钻孔机，在模芯上打出洞孔，然后用锤子轻敲浇口残物，使模芯松动，再用刮刀剔除模芯；或用切割机、切割砂盘、锯具等，除去浇口与熔渣，之后再用金属刷和清水擦洗铸件。

修整：热金属进入范模的裂缝形成的鳍状渣边，由于围模没有完全被使用产生的气泡而形成的金属颗粒，溢过围模皮层背后的金属区域的疤痕，等等，需用凿子、錾子、砂轮、磨床、锉刀、砂纸及各种旋转型打磨工具打磨掉，进行修补精整。

焊接：或用电焊连接分开浇铸的部件，或用焊接机将焊条、焊珠熔

《丰收贡鼎》精装场景：熔炼—焙烧—浇筑—清砂壳—焊接—安装后

《达摩》上色场景：打磨精修—喷砂后—热着色

化，以填补铸件的凹陷。当然，青铜铸件也可用冷接进行组合，如在结点上的钻孔中插入铜销进行连接，用螺栓连接，用胶水进行黏接等。

（2）上色

表面上色是指通过施加一些化学制剂等，使金属雕塑产生光泽的工艺。其流程为：

首先，对铸件进行清洗，可用水球、钢丝刷和砂等进行吹洗、刷洗或喷砂处理，也可用化学方法如盐水电镀等方法进行清洗，然后对铸件进行支撑，使其安放稳定。此外，一些金属膜能作用在冷膜上，而大部分必须应用在热膜上，因而，有时需要给铸件加热。

然后，在水中溶解各种化学药品如金属镀膜，再给铸件上色，其中，上色主要方式有：刷膜法，即用擦、点、抹等方式将颜色均匀涂抹在铸件上；喷雾法，用喷雾器或喷漆器将颜色喷上去，喷上去的表膜看上去很光滑；浸泡法，将铸件浸泡在化学药品中上色；烟熏法，将雕塑放在密封的容器中，用化学药品产生的气体给雕塑上色，上色的化学药品主要有硝酸铁、硝酸铜、硫化硝酸钾，还有涂料及染料等。硫化硝酸钾，通常用于第一层或基本层，在其之上可涂加其他表膜，其在青铜雕塑表面可产生褐色和黑色；硝酸铁可用于裸露的青铜雕塑上，但常常施加于硫化硝酸钾制成的底膜上，它使硫化硝酸钾的冷褐色显得暖和一些，产生一种漂亮的色彩；而硝酸铜则可呈现出红色。化学用品的浓度和涂抹

199

厚度会影响上色的色彩效果。

最后，以上蜡上膜的方式给铸件涂上保护层，保护层可保护铜器随时间流逝而不改变，具有防锈防剥蚀的效果。

上色是给铸件制作颜色效果的表面装饰工艺，除传统的化学、物理着色方式之外，还有照相腐蚀、彩绘、镀贴金银、鎏金、嵌彩石、嵌珐琅、嵌斑铜、乌金走银等处理方法。

（3）安装

铸件成型后，往往还需给铸件安上基座，使铸件平稳安放，甚至成为作品的一部分。基座主要有石质、木质、金属等材质，可用凿锥、螺丝和钻孔等工具，给铸件、台座钻孔刻纹，再用螺钉、螺丝棒进行组装，如花岗岩是石料中质地较硬的一种，总能保持很高的光泽度，并呈现出高贵的黑色。

大型室外铸件还需将铸件运到指定地点进行现场安装。安装前，需考虑铸件的分割与组合，要准备好运输机械、吊车、脚手架等设备，甚至要使用焊接、拼装钢筋等工艺搭建骨架。

除艺术铸造之外，青铜制作还有锻铜工艺，锻铜工艺是我国古老的錾刻工艺手法扩展出来的一门新工艺，是用錾子在铜板上锻锤出各种凹凸不平的浮雕造型，从写实到抽象，从粗犷到细腻，在锻打过程中产生

《鹿鸣声声》安装场景

《鹿鸣声声》安装场景

非常丰富的肌理变化，增添了作品的雕塑美。此工艺与石雕工艺相类，无须翻范、浇铸，而直接在铜材上焊化、锻打、锉磨，承袭了浓厚的手工业工艺制作方法，作品只能一件件用手敲制出来。每件作品都是独一无二的，具有不可低估的收藏价值。

从泥土的自然性，转化到青铜的圆润和锋利，青铜铸造让我们体验到艺术与工艺、精神与物质、瞬间与永恒、流动与凝固的统一之美，让我们触到隔世的精神和亲近的生命感。

二、现代数字制造流程

数字工艺是通过整合传统工艺的特征优势与先进的数字化设计和制造技术，开发用于支持日常创新制作的数字化平台。它为实现传统工艺在现代制造中的传承发展提供新思路，为进一步整合设计与制造，开发高度个性化、定制化的新材料、新结构和新形式奠定了基础。数字化设计与铸造将为传统工艺整体性的创造性转化提供强大助力，凸显出推进中国传统工艺振兴的战略价值。

步骤一：建模

步骤二：数字修模

步骤三：铸造成型

第 七 章

青铜艺术品的对比考察

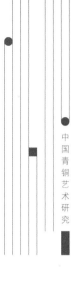

中国古代青铜艺术

　　观赏古代青铜艺术，我们可以体味到中国造型艺术、装饰艺术发展的内在规律与书法艺术演变的轨迹，并继而探寻创造这些艺术元素的源泉——我们民族世代相传的审美体系。欣赏是一种学习，是审美视野的提升。欣赏青铜艺术作品，我们不仅可以提升艺术设计能力，而且可以养成艺术素养。中国古代有着"楚王问鼎、盛以稻粱"之礼，有着"闾阎扑地，钟鸣鼎食之家"之谓，不同历史时期有着不同的华美，不同地域有着不同的异彩。其中，商周青铜器是中国古代青铜艺术的华章，而三星堆青铜文物则是其中灿烂的段落。那就让我们与中国古老的青铜器对话，欣赏青铜艺术之美。

后母戊大方鼎及铭文、鼎耳

历史之美：不同时期的青铜艺术

商代青铜艺术

商代以酒器为主的礼器体制初步建立并臻于完善，兵器种类增多，普遍装饰兽面纹样，构图渐趋繁密，线条峻深劲利。满布器身的纹饰大量采用浮雕和平雕相结合的方法，并且运用夸张、象征手法表现动物神怪的兽面图案空前发达，庄严神秘。

后母戊大方鼎是殷代青铜器的代表作，据考证为商王祭祀他的母亲铸造的，是商王室重器，其造型、纹饰、工艺均达到极高的水平。是中国出土的最大的青铜器。后母戊大方鼎高 1.33 米，重 875 公斤，鼎腹壁宽厚像墙，宽大肥厚的鼎耳装饰猛虎咬人的纹样，表面布满饕餮纹、蟠龙纹等兽纹，鼎体四周是雷纹，四角是兽面纹，腹壁上铸着"后母戊"铭文。整个造型形制雄伟，气势宏大，纹饰华丽，给人威武的感觉。后母戊大方鼎为用 20 块模范一同铸成而成，充分显示了殷代青铜器的冶铸水平。鼎是所有青铜器中最能代表至高无上权力的器物。春秋时，楚庄公向周定王的使者问鼎之大小、轻重，使得"问鼎"一词成为觊觎国家权力的专用名称。置立于王室或宗庙内的青铜大鼎，体现着商代奴隶社会君权神权二者合一的无上权威，给人以威严厚重的震慑感。

虎食人卣通高 35.7 厘米，通体作虎踞坐形，以虎后爪与尾为器的

虎食人卣

凤纹卣

三个支撑点，而虎的前爪正有力地攫着一断发跣足的人，作张口噬人首状，人体与虎相对，手扶虎肩，脚踏在虎后爪上，转面向左侧视，造型十分逼真生动。虎肩部附提梁，梁两端有兽首，上饰长形夔纹，以雷纹衬地。虎背饰牛首纹，上部为椭圆形器口，有盖，盖立一鹿。虎两耳竖起，面上及颚侧饰鳞纹和云纹，利牙如锯似钩。人物头发向后直披，面容静穆，大腿到臀部饰一对蛇纹。器外底有阴线纹饰，中为游龙，两侧各为一角。此卣形制复杂，铸造技术高超，虎噬人被表现得动人心魄，触目惊心，有着神秘诡异之美。

周代青铜艺术

"周人尊礼"，周初礼器沿袭商制，出现了由重礼向重食体制转变的端倪。周代青铜器神秘色彩渐渐淡漠，宣扬等级森严的礼制秩序，具有简洁明快、典雅和谐的艺术风格。

凤纹卣：卣是西周前期最主要的酒器，数目倍于商，并且有多种式样的变化。此卣出土于安徽屯溪古越族的墓葬中，纹饰特别精美。盖和腹部的回顾式大凤纹羽冠透迤交缠，华美异常，范铸技术也十分精湛，是西周卣中难得的精品。凤是人们将孔雀、锦鸡、鹤等鸟类最美丽的部位综合一体而创作的形象，高冠和长尾使它具有一种难以名状的尊贵之美。凤乃"神鸟也"，《毛诗》也进一步分类："雄曰凤，雌曰凰。"商代尚迷信，以祭祀天和神为主要目的，兽面纹能充分体现祭祀活动的威仪。周代社会观念已将祖先和神分开，因此人与天的沟通，是以凤鸟作为媒介的。周代倡导礼治，宣扬社会的秩序和美好，作为"见则天下大安宁"的祥瑞凤鸟，更能充分表现这种社会观念。

父庚觯：父庚觯长颈束腰，圆体垂腹，造型极为纤巧雅致。器身上颈部饰蕉叶纹和分尾的鸟纹，腹部则为对称的凤鸟纹，昂首垂尾，华丽而精美。对称的凤鸟纹和均匀的蕉叶纹，更使此器小巧玲珑，在同类中甚为少见。《礼记·礼器》中记载："宗庙之祭，尊者举觯，卑者举角 。"意即在宗庙祭祀行酒时，地位高的人用觯，表尊敬，地位低者用角。可见"觯"是"曲水流觞"中的礼制符号。而凤在古代的传说中，为群鸟之长，是羽虫中最美者，飞时百鸟随之，被尊为百鸟之王。父庚觯上的凤纹具有神灵和权威的色彩，寓意吉祥华丽、品质高贵。

春秋战国青铜艺术

春秋战国时期，诸侯国的经济发展促进了青铜铸造业的振兴，新的器形开始出现，注重与实用的结合，风格纤巧清新，极富生活色彩。器物以龙纹为主，附以镶嵌、错金银、鎏金、彩绘等表面装饰新工艺，长篇纪事体铭文逐渐减少，各个诸侯国的青铜器因地域文化的差异而呈现出不同的风貌。

簋为盛放稻粟谷物的祭器。秦公簋为春秋早期秦国国君的礼器，敛口，鼓腹，盖有大捉手。器身装饰兽目交连纹、垂鳞纹、横条沟纹，盖沿和口沿每组纹饰间还设有上下相反的浮雕兽首。腹两侧饰兽首耳，兽首上有犄角，殊为奇特。簋盖内有铭文 54 字，器内有铭文 51 字，字体与石鼓文颇为相近。盖和器上又各有秦汉间刻款 8 字。铭文内容记载秦国建都华夏，已历十二代，威名远震；秦景公继承其祖先功德，抚育万民，武士文臣，人才济济，使自己永保有四方，乃作此器以为颂。铭文

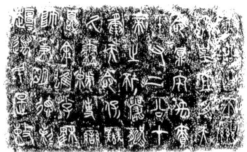

秦公簋及铭文

镶嵌几何纹敦

字体稍短而多变化，实为秦石鼓文的滥觞。

镶嵌几何纹敦（战国）：敦是用以盛放饭食的器皿。镶嵌几何纹敦，由两个半球相合而成，下半部为器身，上半部为器盖，器和盖几乎对称，各有三足，可分开放置。此敦造型圆柔优美，通体饰以阴阳互托的大三角形云纹，并用红铜丝、银丝或绿松石镶嵌彰显高贵、典雅，具有细密流畅、富丽堂皇的效果，显示出其装饰工艺之精湛。

秦汉青铜艺术

秦代以后青铜器中礼器比重大减，钱币、度量衡和铜镜经过更新和创制，成为中国封建社会青铜器的主流。汉代青铜器很多为素纹，纹饰大部分还是铸造的，也有的花纹、铭文是用錾子雕刻的，比如汉代的鎏金杯、奁、盒、碗等用具上的花纹多是雕刻的。而西汉错金博山炉堪称传世佳品，其炉盖铸成山峦状，炉座饰卷云纹，座把透雕三条欲腾出海面的蛟龙，龙头承托炉盘，炉盘上是挺拔峻峭的山峦，象征道家传说中的海上仙境"博山"，山间有神兽出没，虎豹奔走，灵猴戏耍，还有猎人追逐逃窜的野猪，另有小树点缀山色，颇为精美。此后青铜艺术绵延不绝，源远流长。

错金博山炉及细部　　　211

地域特色：三星堆青铜艺术

各方国、各民族之间的经济文化经过长期互相交流，最后才出现了以中原文化为主体、各自异彩纷呈的中国古代文明。夏商时代，中国西南地区的成都平原上出现了一个高度发达的青铜文明中心，这就是三星堆遗址。四川广汉三星堆遗址，两大祭祀坑共出土青铜器三四百件，种类有人头像、人面像、人面具、跪坐人像、龙柱形器、虎形器、龙虎尊、羊尊、神坛、神树、太阳形器、眼形器、铜铃、铜挂饰、铜戈、铜鸟、铜蛇、铜鸡等器物，形态极为奇特怪异，从中可以窥见古蜀人们原始崇拜的特有色彩。这些青铜器中除容器具有中原殷商文化和长江中游地区的青铜文化风格外，其余的器物种类的造型都具有极为强烈的本地特征，向世人展示了商代中晚期蜀国青铜文明瑰丽而独特的文化面貌。

以树崇拜为代表的自然崇拜

三星堆祭祀坑出土的植物造型祭器、礼器，都被赋予可以与人与神相通的灵感，其中不少物品本身就是自然崇拜的对象，其中"树崇拜"是三星堆自然崇拜习俗的集中反映与代表。在三星堆祭祀坑中，出土了大约 6 株铜神树，神树形态基本相似，又各有特色，总体上均呈现为：下端有云山状基座，主干挺拔直达树巅，树枝分成层弯曲下垂，树上有立鸟、飞龙、仙果、光环以及璧瑗等神器、祭器。这些说明了神树是一种神圣的原始宗教崇拜物。在当时，神树代表着有生命的"树神"，同时又被作为生长繁衍的生命力和生殖力象征，并且作为土地之神的"社树"，又是本土本族的保护神。铜树本身则为太阳升起和栖息之处，类似于东方日出处的"扶桑"和西方日落处的"若木"，而树上的飞龙盘旋而下，象征着铜树是通接天与地、人与神的"天梯"，可让"众帝援之上下"。三星堆神树群体造型之优美、内涵之丰富、体态之硕大、时代之久远，大大超过各地发现的表现树崇拜的文物，表明在三星堆时期古蜀国的原始宗教体系中，神树可能处于连接人与神、天与地的中心环节，具有特别突出的地位。

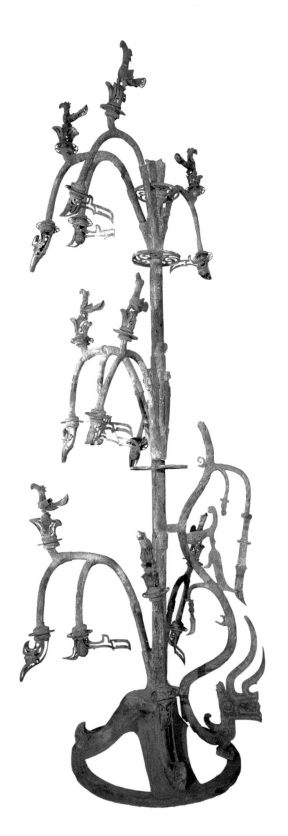

三星堆青铜树

以鸟崇拜为代表的图腾崇拜

三星堆出土的青铜器中，众多的动物造型都是亦人亦兽、亦神亦怪的灵物，代表着被崇拜的各种神灵，大多包含有"图腾崇拜"的意义。世界各地的原始民族大多有一种女人与某异物接触而孕，所生子女为本族之祖的传说，如商民族就起源于玄鸟，"天命玄鸟，降而生商"（《诗经·商颂》），"见玄鸟堕其卵，简狄取吞之，因孕生契"（《史记·殷本纪》）等。三星堆青铜器群中有鸟、鹰、鱼、龙、蛇、虎、鸡、牛、羊等，大多代表着各氏族、各民族崇拜的图腾，它们是前来参加祭祀活动的各个氏族部落的标志物，其中以鸟的图腾数量最多，地位最显著，形态最丰富，鸟可能就是当时的主要民族的图腾。图腾随着社会结构的发展而不断发生融合与升华，最终成为一族一国的徽记，被绘制于旗帜和权杖之类代表物之上。三星堆古蜀国作为王杖和神杖的一柄"金杖"上面出现以鱼和鸟组成的四组规整标准的徽记，置于首领头顶之上，说明它就是古国的"中心图腾"，所代表的可能就是曾在古蜀历史上居于统治地位的"鱼凫"族。三星堆文明中，对"鸟"的崇拜具体表现在各种奇异的青铜鸟造型上，其数量之多达到上百件，形式也有十余种，其

三星堆铜鸟

中最突出的一种是神树上的立鸟，如大铜树九条树枝上有九只立鸟，均作展翅欲飞状，爪下为成组的仙果和象征太阳的光焰状圆环；此外，还有许多单独的圆雕立鸟、大型鹰头状饰件以及众多片状飞鸟饰件等。三星堆青铜器具有代表性的纹饰是鸟纹。三星堆不少鸟纹（形）铜器，都与神话记载中的古蜀国有关。比如周身饰鱼鳞状羽纹的铜鸟、双鸟和双矢射鱼图案的金杖，与蜀王世系传说中的蚕丛、鱼凫等有关系。

以"纵目神"崇拜为代表的祖先崇拜

在三星堆青铜器中，表现人的"眼睛"的造型不仅数量众多，而且造型奇异，如：突目人面具中，眼球极度夸张，瞳孔部分呈圆柱状向前突出；眼形铜饰件中，有菱形、勾云形、圆泡形等十多种形式，周边均有榫孔，可以组装或单独悬挂举奉。而"眼睛纹"则常常作为主题花纹出现在重要图案的中心部分，如大立人像头顶花冠的两侧、身披法衣的双肩中心，就有一对巨大的"眼睛纹"。这些说明了当时人们有一种崇拜眼睛的特殊习俗。史籍中记载下来的传说中蜀人的始祖名叫"蚕丛"，

三星堆青铜人头像、人面具　　215

三星堆青铜灵人

其唯一的形体特征就是"纵目"。如东晋时常璩所著的《华阳国志》一书中说："蜀侯蚕丛，其目纵，始称王"，其墓葬称为"纵目人冢"。三星堆大量出现突目巨眼的青铜像，正是对蜀祖蚕丛崇拜的具体体现。它以神秘而夸张的艺术手法表现了一种大眼巨头的形象，所代表的应是一种神祇。这些面具硕大而威严，被悬挂在大树、"图腾柱"之类的圆柱形立柱之上，成为当时敬奉的主要神祇之一，使三星堆青铜艺术呈现出奇异之美。

以人像群体为代表的"灵人"巫祭崇拜

中国中原地区出土的文物大多是陪葬用品，而三星堆的青铜器则是祭祀用品。以青铜雕像表现巫祭群体，是三星堆青铜艺术又一特色。巫师或祭司，是处于人神中介地位的特殊人员，他们是一切涉神功能、涉神需要、涉神活动的体现者、主持者，并通过这些活动左右着社会上的重大事情。三星堆青铜雕像群体所表现的正是这样一个巫祭集团：从人像写实为主的艺术风格来看，他们所表现的主要是现实中的真实的人；从身体的姿态、所处的位置、所饰的装束看，他们又是祭祀者，是各种祭神活动的主持人。在青铜群雕中，以大型青铜立人像为总指挥，各种形态的立人像、跪人像、人头像（原有身躯）为参与群体，包括跪祭、立祭在神坛、神树、祭山场所上的众多人像，展现出一种祭祀的场景。由此可见，当时巫祭集团已经是权势庞大、等级严格、结构相对完善的一个阶层，由于他们具有通神的能力，经常作为灵神的代表和化身出现，也就成为人与神、人类世界与神类世界的特定使者，一种半人半神的"灵人"。随着社会的发展和权力的强化，巫祭本身也在不断进行着"自我神化"，在以后的祭祀活动中被作为崇拜的对象。这是出现大型青铜雕像群体的宗教原因和社会文化背景。

古蜀国地处中国西南边陲，远离夏商王朝，因而三星堆青铜文明又呈现出地域和古蜀民族的独有风格。三星堆祭神青铜器数量之大、制作之精、内涵之丰富，表明三星堆古蜀人对祭祀之重视，而祭祀场面之隆重、规格之高、地位之重要、影响之强烈，则为古代民族中所罕见。三星堆时期"戎"的成分相对比较薄弱，而"祀"的成分则十分突出，反映了古蜀国以原始宗教促成国家建设的古朴面貌。这种用举行盛大祭祀活动的方式来吸引远方的氏族部落，实现各部落和部落集团在经济、文化和组织上的有机联系，并形成联盟式的早期国家，正是三星堆古国的又一特色。虽然商尚巫，但三星堆文明中这种通过宗教立国、宗教首领即是国王的历史现象，在中国古代文明中表现得更为突出。三星堆青铜文化的审美表象呈现出神话、历史、宗教相统一的思维特征和文化形态，它所体现出的美，承接着远古风尚气息，并体现着丰富的实际生活样态的美。商王朝的青铜文明的一个重要特征，就是以尊、鼎、鬲、壶、爵、角、觯等青铜礼仪用器为代表，这些器物造型庄重、纹饰繁缛，具有威严、神秘之感，而古蜀先民较之商王朝更崇尚实践意味的力之美。三星堆铜鸟从造型上突出其传达实践能力的主要官能——口、目，既写实又夸张，眼大且眼球突出，嘴的造型前突硕壮，富有阳刚之美，是崇高品格和实践精神的写照，也是三星堆青铜艺术风格较为独特之处。商王朝的青铜器以动物和人像为题材的造型则较少；尤其是独立人像的青铜制品，则几乎不见。三星堆青铜文明则大量出土人像、人头像、人面具以及神树造型的青铜制品，无疑更加丰富了中国商代青铜文明的内容，填补了中国青铜文明的某些空白。

中国现代青铜艺术

　　"原始艺术，都教给艺术家第一个原理，那就是对材料的忠诚。"
这是英国雕塑家亨利·摩尔经过几十年的雕塑实践感悟所得。他不仅说
出原始艺术的艺术本质特征，而且出于对现代雕塑艺术的考虑，强调了
雕塑艺术重视材料的艺术特点。雕塑的材料在雕塑创作中居于十分重要
的位置，因为材料本身就能"说话"，如：铜材能十分到位地表达出雕
塑的纪念性、历史感等；而石材则沉雄浑厚，有着雕琢的未完成感、体
现出时间过程性等。在现代风格中，当一些雕塑被铜材充分演绎时，当
青铜雕塑将抽象符号和人物形象融合在一起时，当现代青铜艺术走向广
场和架上时，古老的青铜艺术已随之焕发出新的生机。那是历史与现代
的撞击，那是景观与艺术的交响。

永远盛开的紫荆花
常沙娜创作，位于香港湾仔海边香港会议展览中心金紫荆广场

现代城市铜雕艺术欣赏

当下，随着造城运动的发展，一件件城市雕塑应运而生，往往成为一个城市的标识，成为一个城市的象征。可以说，城市雕塑催发了中国现代雕塑艺术的春天。远在公元前 2000 年至公元前 200 年左右，尚处于萌动状态的中国艺术灵魂突然生发出不可思议的金属撞击般的强力，那种土木金火合炼的物质，那种作为不朽之象征的"铜锈"，那种坚硬的形体和旷远的质感，引发了震古撼今的虔诚膜拜和热烈追求。那时，铜作为雕塑的材质，除材质本身蕴含力量外，更显示出作为一种象征实体所蕴含的精神力量——这是现代广场青铜雕塑的源头。当一座优秀的城市雕塑不仅点缀装扮城市的环境，更展示着一座城市文化历史底蕴时，"雕塑成了城市的眼睛"，这些"眼睛"中就有青铜的色彩。

　　《永远盛开的紫荆花》，是为庆祝香港回归，中央人民政府向香港特别赠送的。雕塑根据含苞待放的紫荆花的形状雕刻而成，重70吨，长、宽、高均为6米。它以青铜铸造，表面贴着意大利金箔，并用四川红花岗岩基座承托。基座圆柱方底，寓意九州方圆，环衬的长城图案象征祖国永远拥抱着香港。底座上刻着"永远盛开的紫荆花"八个金色的大字，象征着香港永远繁荣昌盛。

　　《丰收门》是铜陵的标志性青铜雕塑，位于淮河大道与金山路交会处，由三个"丰"字组成。三根巨柱托举着希望，三根巨柱托载着丰收，三枚古铜刀币象征着物质和精神所取得的财富。三个"丰"字三角形排列呈开放姿态，也象征着连年丰收、五谷丰登。在三个"丰"字的中心，有一根小铜柱顶着一个青铜圆球，象征着这座城市团结、奋进的精神。

　　铜雕《起舞》，高11米，于1992年建成。位于铜陵市义安大道、铜官大道交叉口三角广场上。雕塑以1983年12月出土于铜陵的"饕餮纹爵"为基形，采用变形、夸张等手法，塑造了双人翩翩起舞的形象，

丰收门　　*221*

龙腾

起舞

凤鸣

既有古代象征，又有现代意识。这座铜爵雕塑构思奇巧：爵的双柱化为高昂的头颅；流、尾和鋬共同演为端耸的肩臂，似两个雄健的汉子昂首挺胸，并肩而舞；舞姿神似古今矿冶工人的坚毅、热情与豪放。

铜雕《龙腾》，建于 2005 年 12 月，位于铜陵市铜文化园南部现代铜文化广场，以铜锻制，直径 6 米，由两条巨龙盘绕腾舞成球体，龙身上镌刻着铜在古今的各种用途图案，展现铜的发现和使用在人类文明发展和进步中的作用，从而反映出铜都铜陵在中国乃至世界的地位和活力。

大型城市铜雕《凤鸣》，曾获得"全国首届年度最有影响力城市雕塑公众评选"十佳雕塑作品。雕塑以钢琴、五线谱和铜铃组成凤凰造型，凤凰的长尾处理为飞动的五线谱，凤体修长高雅，凤尾自然弯曲的五线谱上的高音符号则设计成一个个铜铃，上挂 21 个铜铃。雕塑通体用黄铜制作，金灿明亮，是凤凰的大写意，具有现代意趣。天风扫过，仿佛打开琴盖的钢琴撑起扬冠鸣唱的凤首，"叮叮"的铃声随风而转，清澈透明，高跃飘逸。

当然，各地的城雕和景观小品也是青铜艺术在现代城市空间绽放的花朵。昆明市秋园至钟楼的轴线上，立有雕塑铜铸"滇王金印""牛首葫芦笙""牛贮贝器""牛虎铜案""铜牛头""铜枕"等六组仿出土文物铜雕。这条铜雕荟萃的艺术景廊，是云南古代政治、经济、宗教、民族与生活风貌的象征和缩影，闪烁着云南先民智慧的光辉。置身于此，人们仿佛进入两千多年前古滇国那充满无穷魅力和大放奇彩的彩云之南。此外，一些铜雕景观小品布设着民俗的风物，在现代背景上留下历史的剪影。这是现代都市青铜艺术的旋律。

城市雕塑是城市文化的张扬和城市形象的标识。城市铜雕以青铜文化为源泉，以青铜元素为质地，使城市发出金石之声，彰显青铜艺术的斑斓之光。

现代铜雕摆件艺术欣赏

铜雕摆件可以装饰空间，美化生活，有时候在家中加入一个小物件或许就可以让家充满艺术感。这些铜雕摆件闪耀着金属的光泽，有着几分高雅而不张扬的美感，可在整个家居装饰中起到画龙点睛的效果。我们可以借助艺术感十足的铜雕摆件，将艺术与生活融为一体。

《象》是韩美林铜雕动物系列的作品，取材于中国的古老文化，融入了古青铜器的特点，同时又加以现代雕塑的设计，或夸张或变形，使传统的青铜动物雕塑少了几分厚重、添了几分轻盈。作品传承提炼了中华民族的文化传统艺术，又吸收了西方艺术的精髓，善于以线造型。尤其是曲线，将写实与夸张、抽象与具象、写神与写意等表现手法结合，加上几何化、装饰化的艺术处理，使作品既有敦厚而优雅的形式，又富有中国文化的含蓄之美，给人一种情趣盎然的美。这件象雕中，大象庞大的身躯变得小巧别致，俏皮的耳朵和尾巴的线条也中和掉了大象给人的笨重感，可以说是充满爱意的艺术升华。

象

　　中国古代的艺术品品种材质繁多，经过历史文化的浸润与积淀，蕴含着丰富的文化信息，大多含有吉祥的寓意。陆游曾赋诗曰："太平有象无人识，南陌东阡捣麸香。"在我国传统文化中，大象中的"象"与"祥"谐音，所以，大象被赋予了更多吉祥的色彩。《太平有象》是象与瓶的组合。象寿命极长，可达 100 岁，被人看作瑞兽，也喻好景象。"瓶"与"平"同音，传说观世音的净水瓶内盛圣水，滴洒能得祥瑞。《太平有象》以象背上驮宝瓶或象鼻卷瓶为造型，即寄托着人们对天下太平、五谷丰登、美好幸福的向往。

　　铜浮雕版画是将书法艺术、绘画艺术锻雕在紫铜板上，以铜面作纸绢，铜铁相搏，铿锵奏进，镌刻出一幅具有淳厚金石味道的作品。铜壁画以铜为墨，在凝固中流畅，在静默中传意，将大自然中丰富而不可复制的肌理，以金属的视觉表现出来。其强烈的表面质感，带有微妙明暗变化，表达出中国画的传统韵味。

　　与传统青铜器相遇，与罗丹的青铜人像邂逅，与现代青铜城雕一起吹风，这是欣赏的姿态。这是一路精彩的风景，一次艺海拾贝，一次美的旅行。

当春时节（铜壁画）

太平有象（铜工艺品）

三 西方青铜艺术

　　如果说中国的青铜艺术大多表现在器物上，那么，西方的青铜艺术则主要表现在雕塑，尤其是人物雕像上。这是源自中国商周与古希腊的两种不同的艺术传统，表现出来的不仅是题材的分别，更是造型观念的差异，并由此生发出迥然相异的艺术面貌。

西方古代青铜雕塑作品

纵观西方雕塑发展史，其历程中出现过三个高峰：一是古希腊、罗马时期，雄居峰巅的是菲狄亚斯；二是意大利文艺复兴时期，雄居峰巅的是米开朗基罗；三是在公元19世纪的法国，雄居峰巅的巨匠是罗丹。菲狄亚斯、米开朗基罗和罗丹，这些名字灿若星辰，他们所创造的艺术，体现了西方古典雕塑艺术的最高成就。在这一历程中，古希腊和意大利文艺复兴时期，雕塑以大理石等材质为主，青铜雕塑只是其中的一脉；及至19世纪法国，罗丹、马约尔等则使青铜雕塑达至辉煌，登上了新的艺术高峰。古希腊的雕塑依附于神庙等建筑，以石雕为主，这使其雕塑艺术具有大理石般天然高贵的品格，而其青铜雕塑也屡见不鲜，并以铜为质表现出古希腊雕塑的永久魅力。

在公元前470年以前，雅典城绝大部分已被波斯军破坏，重建雅典对于这个富于想象力的民族来说是一个挑战。但是，他们不仅恢复了雅典的繁荣，而且在雅典卫城上建起了三座富有创造性的神庙建筑，建起他们的艺术信念

御者
约180厘米，希腊德尔菲考古美术馆藏，卡拉美斯作

的最好标志。那时期的大多数雕像是用青铜浇铸的，后来由于战争频繁，这些青铜立像能保存下来的极少，大部分被熔铸成兵器了。青铜立像《御者》，出土于德尔菲，是现存这一时期中最早的青铜雕像原作之一。青铜立像《御者》为一尊驷马车御者，高约180厘米，和真人一样大，采取写实的手法创作而成：一双脚坚定有力，左臂已断，右臂上发达的肌肉显示出作者的造型能力，衣纹处理得比较细致而不繁乱，腰以下的衣褶采取了平行褶皱的方法，然而面部表情比较呆滞，这是古风时期雕塑程式所遗下的一种痕迹。铜像创作者卡拉美斯是一位多产的雕刻家，作品风格注重写实，已能摆脱前人的雕塑程式。他除了用青铜铸像之外，也常采用大理石凿造雕像，有些神像还采用黄金与象牙作镶嵌。

《里亚切青铜武士像》为两尊青铜武士像，经科学鉴定为公元前506年的希腊青铜铸像真本。这两尊雕像是谁的形象？考古学家们意见纷纷，有人认为是奥林匹斯山上12个神祇中的两个，有人说雕像是供奉在德尔菲阿波罗神庙内的两尊神像，也有人断定是马拉松战役中的希腊英雄或者是荷马史诗中的人物。其中比较一致的看法是：它们是特洛伊战争中的两个英雄，不是希腊联军统帅阿伽门农、阿喀琉斯，就是希腊名将涅斯托耳等。这两尊雕像除局部细节略微有些变化外，姿态几乎完全一样：左足向前迈出，呈休息状态，全身肌肉发达，臂膀上的血管与青筋几乎毕露无遗，身姿健美，面容威武，然又露出微笑。这两尊雕像，一尊像上用丝带拢住头上的卷发，犀利的目光露出一种傲慢的神情，双唇微张，从闪光的牙齿间似乎能感到武士内心的喜悦；而另一尊像的胸前有一块不甚显眼的伤痕，他腰背微弯，神态显得有些疲惫，且稍带忧伤，口中好像在喘息。尽管两尊雕像彼此略有差异，但总体面貌仍是战士或英雄。铜像非常符合人体解剖的全部结构，人体各部被塑造得真切生动，在已经发掘的古希腊雕像中是少有的。

《御者》和《里亚切青铜武士像》在西方美术史上具有很高的价值，它们的发现是古希腊雕刻艺术的重大收获。因为迄今为止，我们见到的古希腊雕刻品绝大多数是罗马复制品，真正被确定是原作的，只有雅典国立博物馆内的一尊《海神波塞冬像》和藏于德尔菲博物馆的《御者》像。而《里亚切青铜武士像》，无论从形象的完美性，还是从铜铸技术的完备性上看，都是古希腊青铜雕塑中罕见的代表之作，洋溢着对人体的赞美。

古罗马雕塑沿袭了古希腊雕塑的传统，但更加世俗化，而在写实主义的道路上迈出了更为坚实的步伐。它追求模特外形的逼真，注重人物个性的刻画，对西方现实主义雕刻的发展作出了杰出的贡献。

米隆《掷铁饼者》（大理石，公元前5世纪，罗马国立博物馆藏）创造了一个出色的充满活力的运动员形象，出色地刻画了掷铁饼这一运动的整个连续过程，表现了一种动态的美。掷铁饼者张开的双臂像拉满的弓，使人产生一种发射的联

里亚切青铜武士像　　229

掷铁饼者

母狼

　　想。铁饼和人头的两个圆形，左右呼应；紧贴地面的右腿如同一个轴心，使曲折的身体保持稳定。整个雕塑选择的铁饼摆回到最高点、即将抛出的一刹那，有着强烈的"引而不发"的吸引力。虽然是一件静止的雕塑，但艺术家把握住了从一种状态转换到另一种状态的关键环节，达到了使观众心理上获得"运动感"的效果，给人的印象是健美、庄重、和谐的，洋溢着青春的活力，展现了西方美术中崇尚人体美的艺术传统。

　　古罗马雕刻在继承古希腊优秀艺术风格的同时，也采用了亚平宁半岛埃特鲁斯坎人的雕刻铸铜工艺。罗马城有名的地标之一——青铜雕像

《母狼》，相传就是约公元前 6 世纪埃特鲁斯坎人的杰作。人们为了表达对古罗马历史的深厚感情，在公元前 6 世纪用青铜雕塑了一尊母狼像。到了公元 16 世纪，人们又做了两个正在吮奶的婴儿的雕像放在母狼的腹下，赋予母狼以人情味和母爱的天性。作品造型逼真写实，注重细节刻画，更注重形式感，从中可以看到伊特鲁利亚人将逼真的写实技巧和富有装饰感的图案纹理完美地结合在一起。这不仅是一个具有民族历史意味的纪念碑雕塑，也是一件珍贵的古代艺术杰作。

西方现代青铜雕塑作品

罗丹的出现，为西方传统雕塑艺术画了一个句号，自罗丹始西方雕塑进入一个新的时代——现代雕塑时代。所谓"现代雕塑艺术"，是指罗丹、马约尔之后的西方雕塑艺术企图摆脱古典雕塑的束缚，采用新的表现形式，追求新观念新价值。雕塑家们远离理性，接近感性，不再模仿自然，开始表现自然，把自己融入自然中去。他们重感性和主观内在的精神表现，用感觉代替观察，用综合、抽象和象征代替具象，不再表现客观存在的形，而努力追求发掘自我心灵，使艺术成为有意味的形式。

奥古斯迪·罗丹，法国著名雕塑家。他深受米开朗基罗作品的启发，从而确立了现实主义的创作手法。他的《青铜时代》《思想者》《雨果》《加莱义民》和《巴尔扎克》等作品都有新的创造，曾受到法国学院派的抨击。其作品《地狱之门》的设计即因当时官方阻挠而未能按计划实现，只完成《思想者》《吻》《夏娃》等部分作品。罗丹在欧洲雕塑史上的地位，正如诗人但丁在欧洲文学史上的地位。他是古典主义时期的最后一位雕刻家，又是现代主义时期最初一位雕刻家；他的一只脚留在古典派的庭院内，另一只脚却已迈过现代派的门槛。可以说，他用在古典主义时期锻炼得成熟而有力的双手，用他不为传统束缚的创造精神，为新时代打开了现代雕塑的大门。

在设计《地狱之门》铜饰浮雕整体构图时，罗丹花费了大量精力塑造了圆雕《思想者》这尊成为他后来个人艺术里程碑的作品。这座圆雕

《思想者》原计划放置在未完工的《地狱之门》的顶部，后来它被放大了三倍，独立出来，象征着但丁对地狱中各种邪恶鬼魂的思考。《思想者》雕像描绘了一个强壮的人，这个巨人弯下腰，弯下膝盖，用右手托住下巴，静静地看着下面的悲剧。他深邃的眼神和拳头触碰嘴唇的姿势显示出极度痛苦的心情；他渴望陷入"绝对"冥想，并试图将他强壮的身体缩成一个球；他的肌肉非常紧张，他不仅全神贯注于思考，而且沉浸在痛苦之中；他看着地狱里的悲剧，因为他同情人类，但无法对犯罪者作出最后的判决，情绪极为矛盾。他的沉思反映了伟大诗人但丁内心的压抑。这种压抑的内心情绪通过对面部表情和四肢起伏肌肉的艺术处理生动地表达出来。例如，突出的前额和眉弓使眼睛凹陷并隐藏在阴影中，增强了压抑冥想的表达；紧绷弯曲的小腿肌腱和痉挛性弯曲的脚趾有效地传达了痛苦的情绪。《思想者》裸体健壮结实，表面沉静而内藏，是一个强劲而富有内力、成熟而又深刻的形象，具有强烈的生命感。人体的所有细节都是由一种无形的压力驱动的，紧密地汇聚和收缩，仿佛高贵而深刻的思考是由整个身体的力量引起的。正如罗丹本人所说："一个人的形象和

思想者

青铜，198厘米×129.5厘米×134厘米，创作于1880—1900年，现收藏于巴黎罗丹美术馆

姿势必须揭示他内心的情感，身体表达内心的精神。对于那些理解这一观点的人来说，裸体是最有意义的。"在这件作品中，罗丹一方面采用了精确的现实主义手法，同时表达了与诗人但丁一致的人文主义思想——对人类的苦难深表同情和悲痛。

《青铜时代》雕塑是以一个身材优美的年轻士兵做模特儿的裸体男人形象。它的大小和真人一样：当雕像行走时，它突然被面前的东西惊呆了，停下脚步，抬起头来，用右手握住头发。它看起来非常天真和自然。这座雕塑真实地塑造了一个对称而完美的年轻男性身体。他的身体是完美对称的，

青铜时代

青铜，高1.74米，创作于1876—1877年，现位于法国卢森堡公园

他的身体和腿是光滑美丽的，他的身体是有弹性的，似乎有真正的呼吸和血液流动，充满了生命和活力。他的姿势非常自然生动。他的左腿支撑着整个身体，右腿略微弯曲，脚趾略微接触地面。左手就像拿着一根棍子，右手举起，手放在头顶上，这会使躯干和四肢的肌肉波动。他的头微微后仰，眼睛闭着，带着一种天真的神情朝向天空，仿佛他即将从梦中醒来。他舒展全身，摆脱一切束缚，开始散发内力。雕塑的整体姿态和面部表情非常和谐。整个身体的轮廓结构不仅统一、完美，而且反映了准确的解剖学知识。"青铜时代"是继石器时代之后的人类的早期阶段，它具有象征人类初步觉醒和摆脱愚昧的深远意义。雕塑中的裸体人被赋

予了普通的人性，表现了人们的焦虑、羞怯和敬畏。雕塑以一个像植物一样移动和伸展的年轻人体，展现了人类刚刚从自然的束缚中觉醒的状态，象征着人类从无知走向文明的时代特征，象征着"人类黎明"或"人类觉醒"，是人类文明开端的真实象征和生动写照。这件作品的风格与大学艺术有很大不同。它以惊人的真实性挑战陈旧的大学雕塑。因为这件雕塑是如此真实，当它被送到官方沙龙展出时，陪审团认为这件雕塑是由真人制作的模具，对罗丹进行了无情的嘲弄，并将雕塑移出了展厅。然而，罗丹的雕塑被重新展出并被法国政府收购。这一事件也使罗丹成为法国的著名人物。

《加莱义民》雕塑分为两组，前三件为一组，后三件为一组。他们身材相像，站在一起：中间头发稍长、凝视下方的人是最古老和最负盛

加莱义民

青铜，208.5厘米×239厘米×190.5厘米，创作于1884—1886年，现存法国加莱市

名的奥斯达吉，他步履踏实，没有环顾四周，没有犹豫和恐惧，坚定的表情表现出内心强烈的悲伤和愤怒；站在最右边的是一位略显年轻的男人，皱眉，紧闭双唇，流露出悲伤和愤怒，双手紧握城门钥匙，茫然地向前看，似乎感觉到了命运的不公平，心里默默地在抗议；右边的第三个义民，死亡令他感到可怕，他用手捂住眼睛，好像要驱散噩梦，但他仍然无法避免悲惨的命运；左边第二位，他的眼睛盯着下面，半张着嘴似乎在说什么，他的内心显示出极大的愤怒，他向天堂举手的姿势不是祈祷，而是对上帝未能主持正义的谴责；后面的一位年轻正直的人皱着眉头，摊开双手，露出无助的表情，爱国热情的迸发似乎使他一时冲动，但一想到马上就要死去，难免悲痛和愤怒；最后一位义民双手捧着头，陷入了无比的痛苦之中。整组雕塑戏剧性地排列在一个像地面一样低的底座上，六个义民的形态是独立的，但他们的动作是相互联系的，形成了可歌可泣的一个整体。这组作品是一座大型纪念碑雕塑。在宏大而真实的历史情境中，这组雕塑表现出悲壮而高尚的牺牲精神，细腻而深刻的心理表达生动地刻画了不同人物面对死亡时的情感和个性。同时，它还以独特的群体形象形式突破了传统纪念碑雕塑的方案。罗丹在他的作品中以贴近现实、深入探索的精神，犀利的心理刻画和强烈的性格表现出震撼人心的力量。

罗丹的青铜雕塑作品，将深刻的精神内涵与完整的人物塑造融于一体。罗丹认为深刻的思想是靠富有生命活力的人体来表现的，所以，他的青铜人体雕塑不仅展示了人体的刚健之美，而且蕴含着深刻与永恒的精神。

阿里斯蒂德·马约尔（Aristide Maillol， 1861—1944），法国著名雕塑家，是19世纪末与20世纪初之交的一位富有个性的艺术家。马约尔的作品几乎都是人物雕像，但他对于个性的表现不太关注，而重视对普通精神的形象概括，并成功地运用削减细节的手法来获得力量。他的作品丰满、宁静、细腻，没有太多的轮廓的变化，而只有简单而生动的几何形体。"我只有几个主要部分，就是这些也嫌太多。我宁愿像远古的原始艺术家那样，只有两个部分。" 这就是他的创作情怀。马约尔的雕塑具有综合的表现力，坐像仿佛出自立方体，立像来自直角平行六面体，下蹲像则似脱胎于扁平的三棱角锥体，从而使布局异常紧密。他常用对称产生稳定感，创造的形象总是那么平衡、安详、饱满，富有柔和丰满弧形，具有抽象意义。他注意使他的雕塑表面尽量不要过度光泽，而令自然光影影响其雕塑浑然一体的体积感。他是第一个摆脱传统的"雕"和"塑"的人，他更多的是表现为"建"和"造"。他的作品像建筑物一样将气势呈现出来，是生命的艺术。马约尔主张女性雕像应该保持一种源自古希腊和罗马的净化感，女性人体的原始曲线美应该被比作自然的一部分。因此，人体的自然节奏可以用来象征一种建筑、一种自然或一种生态现象。在马约尔神奇的手中，一尊丰满的女性裸体雕像简洁安详，造型丰满，转弯柔和，节奏流畅，意义深远。他的作品不诉诸文学情节或刻意追求绘画效果，而是赋予抽象的寓言性和象征意义。尽管他以古希腊为榜样，但他更注重对古代传统的简化和净化，因此出现了突出体积和块体的现代趋势，并将其转化为特定环境的象征，为各种现代抽象雕塑流派的基础实验铺平了道路。自马约尔以来，户外雕塑一直被视为五度空间的对象，为人类精神生活做出了新的贡献。虽然马约尔是罗丹的学生，但他在审美趣味上与罗丹大不相同。一位艺术权威评论马约尔："如果罗丹的理想是把大理石和青铜变成肉体，那么马约尔的理想就是把肉体变成大理石和青铜。"

《地中海》是马约尔第一件伟大的作品，是他一系列不朽之作的开端。作品中，女性裸体席地而坐，上身前倾，左手支头，低头陷入沉思状态，光滑丰满的体态象征富饶的地中海，静坐的情态象征和平宁静的地中海。整个造型由一系列三角形构成，给人以朴实、饱满、含蓄和健美之感，充满古希腊的艺术精神。这件作品通过女性裸体表现出作者对地中海，对地中海周边的国家、居民和文化的理解，富有象征意义和哲理性。

地中海　　　布朗基纪念碑

　　《布朗基纪念碑》又称为《被束缚的自由》或《在枷锁里的行动》，也是一个裸体女性形象：一位异常结实壮健的裸体女性，双手被束在背后，全身肌肉隆起，怒目注视着反剪的双手，向前跨着坚实有力的步伐。整个造型蕴藏着极大的内在力量，似乎要挣脱捆绑，充满巨大的爆发力。扭转不屈的身体象征着为争取自由而斗争的坚毅不屈的精神气质。整个雕塑虽有金字塔般的造型，但整个身躯受到限制，仿佛一座即将喷发岩浆的火山，又像一匹被缚住的烈性野马，将建筑的抽象和几何结构融入人体，使得人体成为活的建筑，这就是马约尔的雕塑之美。

　　继马约尔之后，20世纪初至第一次世界大战前的十余年间，欧洲艺坛出现了立体派现代造型艺术理念。立体派有感于非洲艺术单纯造型的美感，多以极简练的几何造型呈现作品形象，使作品透出理性、纯粹的美感，立体派重要雕塑家阿基边克完成于1914年的《人体》即是如此，

人体　　　　　　　　吉他

这与马约尔的探索不无关系。而毕加索在 1912 年就完成了金属构成雕塑《吉他》，尽管它的形象是属于立体主义的，但已经表明了金属雕塑的一个基本问题，是空间而不是体量。由此，现代雕塑纷呈而出，撞响金属之音。

青铜艺术之中西方比较

青铜时代是人类的童年。历史上，世界各国和地区在不同时期使用青铜器。其中，青铜器最早被用于伊朗南部、土耳其和美索不达米亚，距今已有 5000 多年的历史，这里曾经是世界文明最早的发源地之一。接着是欧洲，然后是印度，大约与 4000 年前中国进入青铜时代同时。非洲比中国晚 1000 多年进入青铜时代。现在还不清楚美国青铜历史是什么时候开始的，大约在公元后。公元前 1600 年后，迈锡尼文明在欧洲兴起，以奢华的青铜武器为代表。在此之前，米诺斯文明已经进入青铜时代。巴尔干半岛和东南欧也以其发达的青铜文化而闻名，包括铜斧、三棱短剑、四棱锥子等。在西班牙和葡萄牙，青铜也主要用于铸造武器，如刀、斧、剑、戟、弓和箭。在印度河流域，青铜铸造技术相对较高。工匠们熟练地运用热加工、冷加工和焊接技术制造青铜器皿，其中最常用的青铜器皿是工具和武器，包括斧头、镰刀、锯、刀、剑、箭头、矛头，以及手镯和脚镯等装饰品。中国以外其他国家和地区的青铜器产品明显以武器和工具为主，家用器具为辅。相反，在中国，主要使用的青铜器产品是祭祀用的器具。虽然武器和工具很多，但所占比例很小。世界上大多数古代青铜器都没有铭文，在印度河流域等地区只发现了少量刻有铭文的青铜器，与中国大量的刻有铭文的青铜器形成了鲜明的对比。因而，从世界视野来巡礼中国青铜器，中国青铜艺术的特点明显，与欧洲的青铜艺术呈现出两种不同的风景。

李约瑟博士说："没有一个欧洲人能铸造出像中国古代青铜器这样的东西。"中国的青铜文化是土生土长的，尽管它的成长与发展缓慢，但其鼎盛时期是其他古老民族所没有的。虽然青铜器于其他民族亦出现过，但没有一个民族如商周般将青铜器有系统地发展成礼乐制度。人类由石器时代进入青铜时代，大约在公元前 2000 年至公元前 500 年，这段时期在中国是夏商周三代，而在欧洲可与中国青铜三代相比较的是古希腊时期。如果说中国青铜器创造了华夏璀璨的艺术，那么古希腊雕刻创造了西方灿烂的艺术。中国青铜铸器艺术与古希腊青铜雕塑艺术，花开两枝，形成了近乎相互独立的两个传统。中国商周青铜艺术和古希腊青铜艺术相比，具有迥然不同的风格。首先，中国青铜器留下的巫术痕迹十分明显，而神话对希腊雕塑艺术影响却是巨大的、根本的。"依鬼神以制义"，中国上古人以巫与祖先神灵对话，厘定尊卑，昭穆秩序，青铜祭器彝器在其中扮演着重要的角色。古希腊雕塑主要题材是神话中的神，这些神的形象是按照人来塑造的。由此，中国青铜器无论造型还是纹饰，人物形象少，动物形象居多，而古希腊雕塑主要是以人为模仿对象，他们表现依人造出的神是对人的力量的赞美。其次，中国青铜器是实用的工艺品，功用性强，而古希腊雕塑主要是艺术品，美的独立价值格外突出。商周青铜器不仅对中国的礼制传统有着积极的作用，而且用青铜食器、酒器将"食"提升到精神层面，使之与政治伦理联系起来，如通过饮食用器的规格即可见政治地位的高低，这是神秘的实用化的倾向。而古希腊雕塑艺术的价值取向是追求真善美的统一，显现出明朗、理性之美。再次，中国青铜器体现的是象征性。虽然商周青铜器也有仿动物的，也有一些很写实的，但总体上看，它创造的一些兽面神怪的形象和怪诞的造型往往代表着一种观念。而古希腊雕塑一般是写实的，在现实的基础上进行合理的集中，力求更为深刻地反映现实，并呈现出简洁质朴之风。这是两条泾渭分明的艺术之源，由此延续出两条流向迥异的艺术血脉：西方艺术，从宗教艺术开始，往往一件作品即表现一个具体情节；中国艺术作品所表现的重点不在情节，而是整体精神的反映。

西方古典艺术追求客观、真实、具体，如神像的塑造亦是个性明显的人的写实；而中国无论石刻壁画还是庙宇塑像，每个人体的背景活动少有阐述，均成为整体精神活动的一员。由上可见，中国青铜器与古希腊雕塑在世界美术史上风格各异，呈现出双峰并峙之势。

中国青铜艺术与古希腊艺术相互独立，但并非意味着它对世界青铜艺术没有影响。中国文化对周边国家影响是源远流长的。比如，东南亚各国的青铜器受到过中国南部青铜器的深刻影响，它们的青铜器与中国南方邻近的地区的青铜器相类，如曲柄刀、短剑、铩、弓形器等显然与中国南方出土的某些器物相似。日本更不用说了，青铜剑、戈、矛等都是由中国传过去的。日本文化受中国和朝鲜半岛文化的影响非常深，如弥生时代（大约为前300—250）文化，它是日本最早的农耕文化，已拥有青铜器和铁器，从日本九州的一些族长古墓中即已发现从中国传过去的青铜宝镜和利器。日本弥生式陶器是当时最有代表性的器物，它一般呈明褐色，质地坚实、细致，基本形态有壶、瓮、钵、甑、高足杯、器台等，丰富多样，器上盛行中国传来的镀金、透雕、镶嵌、细线细工等。此外，越南的青铜器制品也与中国相仿。总之，无论是与古希腊艺术的双峰并峙，还是对周边国家的影响，我们都可从中看出中国青铜艺术对世界美术史的价值和意义。

第 八 章

青铜艺术与相关艺术形态的关系

青铜艺术与雕塑艺术

　　中国青铜艺术有着独具特色的传统，它在雕塑、建筑、环境空间等各个领域中的表现和应用，呈现出异彩纷呈的风貌，仍在当今现实生活中创新发展，发出夺目的光泽。雕塑是雕刻和塑造的总称，它是以可塑性的或者可雕刻的各种物质材料，通过雕塑、铸、焊等手段，制作出各种具有实在体积的形象，来表达审美理想的一种空间造型艺术。雕塑艺术注重发挥材质的审美特点，所用物质材料极为丰富，而铜材正是其中之一。李松先生在《土木金石：传统人文环境中的中国雕塑》一书中，论述了古代青铜雕塑、陵墓雕塑、宗教雕塑、世俗雕塑、民间雕塑、纪念性雕塑、城市雕塑等重要专题，为我们勾画了青铜雕塑发展史，从中可见铜雕是青铜艺术在雕塑领域中的主要表现形态。

中国青铜雕塑的历史传承

中国雕塑是从原始社会的石器拉开序幕的。新石器时代后期，出现了陶器。它们造型丰富、纹饰多样，既是生活必需的日常用器，也是可以欣赏的艺术品。这时的陶器还没有脱离实用的目的，却是中国原始雕塑的最初形态。最初，青铜器与原始陶塑的性质一样，并非实际意义上的雕塑，而是用于祭祀、生活等方面的实用器物。此后，中国传统雕塑进寺庙，入世间，进园林，延续至当代，其纪念性、景观化成为主流。

古代青铜器的雕塑种类大致如下：一是以动物为主题的青铜器，如安阳妇好墓出土的鸮尊，站立的鸮鸟，眼睛瞪睁，结实有力；二是青铜器表面的装饰，常见的有浮雕、圆雕、镂空雕等，如湖南宁乡出土的四羊方尊，塑像巨大，每角铸有一羊角头，造型端庄；三是相对独立的青铜造像，如四川广汉三星堆出土的青铜立人像，面部形象简单，整体感强，整体造型装饰精美。虽然这些青铜器在本质上仍然具有实用性，但它们最初就具有雕塑艺术的属性。战国时期青铜动物雕塑的代表作品有陕西兴平出土的犀尊、江苏涟水出土的卧鹿、河北平山中山王墓出土的虎噬鹿器座等。犀尊的身体结构准确，充分体现了静止状态下巨大动物的内涵力量；卧鹿的形状的完整性很好地显示了静止躺着的警惕的鹿的样子；虎噬鹿器座则代表一只凶猛的老虎抱着鹿疾驰而去，有效地展示了动

妇好**鸮尊**　　*245*

物在激烈斗争中的冲击力。这些作品反映了作者对客观事物的敏锐观察和高超的表现技巧。此外，金银镶嵌及镶嵌工艺的巧妙运用也增强了作品的表现力。如虎噬鹿器座，结合鹿身梅花斑、虎背斑纹等皮毛图案的变化，镶嵌不同形状的金银图案，表现出强劲的气势，产生闪烁动感的色彩效果。当然，商周、春秋战国时期也有石、玉、陶等材质的雕塑，但青铜雕塑应该起主导作用。

秦代雕塑在题材上更贴近生活，在功能上也逐步走向独立，它承袭春秋战国的朴实之风，总体呈现出比较恢宏的气势。秦代雕塑最引人注目的是大型陶兵马俑和铜车马。陶俑雕塑在春秋战国时代已大量出现，但秦代兵马俑的出现足以改变中国雕塑史。这些秦俑都是用陶土烧制而成，其中兵俑体态与真人等大，数量众多，神态各异；有立有跪，有驭手有射手，有的手持利剑，有的伫立凝视，有的坚定刚毅，面部形象细致，结构比例合适，动作自然。雕塑艺术史上的另一个奇迹就是铜车马。铜车马比兵马俑小，铸造而成，做工更为精致、考究。汉代是中国封建社会最具恢宏气势的时期，当时厚葬的习俗变得流行起来。为了坚固耐用，陵墓采用了更好的石材建造，石头表面镌刻着历史故事、植物和动物，或者反映墓主人生前的生活场景。这一时期的雕塑风格反映出雄浑气魄，石雕采用巨大的整体石材，对其自然外观进行艺术处理，灵活运用圆雕、浮雕、线雕等表现手法，使其完全服从雕塑的整体造型。如西汉霍去病墓前的石刻《马踏匈奴》，以战马的形象来反映霍去病的勇猛和卓越的军事成就，充分体现了纪念雕塑的普遍性。整个雕塑是完整的，四肢之间没有空间，增强了身体和数量的沉重感。汉代的青铜雕塑以其动态的个性表现而闻名，如出土于广西西林县普驮粮站铜鼓墓的青铜六博俑就十分生动。六博俑造型精致，着重表现胜利或失败所造成的骄傲或沮丧的表情。西汉中后期，青铜俑的种类增多，如陕西西安南玉丰村出土的青铜羽人、河北满城刘胜墓出土的青铜器俑等优秀文物。其中，铜羽人长脸，尖鼻，高颧骨，大耳朵高过头顶，肩膀和手臂长着翅膀，举手微笑，反映了当时封建贵族祈求"羽化登仙"的信仰。而满城刘胜

天水麦积山石窟

铜车马

墓出土的青铜说唱俑，无论外表还是衣着都像是西域胡人，形态憨厚、笑容满面，令观者不觉莞尔。

魏晋南北朝时期，我国的雕塑艺术得到了全面发展。佛教的盛行改变了中国雕塑史的面貌。此时，石质、铜质造像活动盛行。佛像艺术的第一种为石窟形式，如甘肃的敦煌石窟、天水麦积山石窟、山西大同云冈石窟等。众多石窟雕塑中，人物形象及衣饰装扮渐渐中国化，并在造型审美上与同一时期绘画作品中"秀骨清像"之特点基本保持一致。而第二大类雕塑作品为陵墓雕塑，如在墓前设置一对或多对石兽。这种"神兽"似狮虎，一般都比较庞大，姿态宏伟，整体感较强，具有较为浓厚的汉代遗风。而与此同时，铜佛造像、铜狮等也随之盛行，并具有与石质佛教艺术的审美特征。此后的唐宋元明清，中国青铜雕塑主要传承了商周铜器与魏晋南北朝的金铜佛等形式并不断发展。

由此可见，中国青铜雕塑承石器时代陶器之风，于商周为一兴盛，至魏晋南北朝之金佛像又达一兴盛，启唐宋铜雕之流，与中国石雕、陶雕、玉雕、瓷雕一起，演绎出中国雕塑的精彩。

中国青铜雕塑的艺术特色

中国青铜雕塑，从整体风格上看，商代青铜雕塑大多充满神秘和幻想的色彩，比较端庄沉重，气质伟岸；西周前中期的作品比较华丽繁缛，形象怪异，有一种神秘的色彩笼罩其上；西周晚期则比较写实，不再咄咄逼人，装饰上也相对简洁了一些。战国的青铜器突破了礼器的限制，在铜制品的造型上增强了雕塑的意味。如战国的《虎牛铜案》，描绘了在大自然中发生的虎追逐野牛，而野牛则奋勇保护小牛犊与虎搏斗的场面。但是作品并没有自然主义地再现此场景，在雕塑手法上以静制动，以野牛稳如磐石的姿态展示牛的力量和大度，以刀戟一样的牛角显示牛的强悍。虎安置在牛尾，展示虎跃起咬噬野牛的酷烈情景。令人叫绝的是，作品打破写实手法，在野牛腹部掏了一个洞，把小牛安置在里面，体现母牛护犊的感人情节。雕塑的空间处理具有很强的艺术感染力。中国雕塑在秦汉时代踏上了第一座艺术高峰。秦代崇尚阳刚之美的大气磅礴的时代精神，孕育出了伟大的雕塑杰作。汉代依然处于封建社会的上升期，时代主旋律依然是开拓进取、建功立业的基调，热烈、高亢、丰满、刚健、朴拙、率真是其突出的特征。秦汉雕塑具有写实的风格，秦以前的雕刻与画像一样，带有很强的"写意"成分。而秦俑则采用了更接近于现实的写实手法，这不但体现在丰富的面部表情上，也体现在束起的发髻上、微微上翘的小胡子上、战袍上等。但如果放在世界雕塑的范围，特别是与西方雕塑相比而言，秦汉雕塑的写实仍具有很强的中国特色，即：讲究整体性而不管各局部的精确比例。秦汉雕塑画意突出，着装的很多笔触明显带有画的线条痕迹，而略少雕塑的立面意味，这是以绘画的色彩线条来补雕塑的立体造型之不足。而汉朝霍去病墓前的《跃马》《卧虎》《马踏匈奴》等却以自由流畅的曲线与扭曲的团块相结合，突出了天人合一的现实主义与浪漫主义相结合的特点。这种夸张的写实、突出的画意、天人合一的风格等，一直是几千年来中国雕塑的特点，与中国的整个审美情调相联系，构成了中国雕塑的基本走向。

中国青铜雕塑往往以青铜器物为主要载体，其题材主要为人、动物，大多数是器物上的附加装饰，也有一些具有独立的意义。中国青铜器物雕塑在对雕塑的形体与光影、具象与抽象等艺术语言运用上有着独特之处。如出土于陕西岐山县的牛尊，整体为牛形，牛体浑圆，四蹄粗壮，头部前伸，双目圆睁，似在鸣吼，十分传神。尤其别致的是背盖与牛背以系环相连，盖上铸一立虎，虎四足向前，后身微缩，俨然在捕食。此造型中，虎瘦劲而凶猛，牛庞大而憨实，两相对照，令人忍俊不禁。同时期鸟兽类形象的青铜器比较写实，如出土于陕西眉县李村的盠驹尊，为贵族盠参加周王举行的"执驹"之礼受赏后，出于纪念目的而铸造的。作者相当准确地表现了马的全身比例和身体结构，显示出周代工匠艺术家的写实能力已有一定水平。这些具有雕塑性质的青铜器，有的制作比较粗简，也不十分注重肖似，没有过多的神秘气氛，在朴素的形式中别有一种生动的情态。如《殷商人面鼎》，体积的概括，接近于建筑；《战

马超龙雀　　　　　　殷商人面鼎　　　　　　思想者

国青铜器物架》，形体方圆互变，气韵生动；再如甘肃武威出土的青铜雕塑《马超龙雀》，表现了一匹骏马三足凌空腾越，一只后蹄落在一只正在飞行的龙雀背上的雄姿。这件雕塑令人惊奇地展现出马的速度之迅疾，竟将龙雀远远地抛在后面，而奔马的体态非常写实。整件作品为铸铜而成，虽只有34.5厘米高，但却有雷霆万钧之势。整个雕塑的构思极富想象力，使力的夸张和平衡得以完美的统一。而中国古代的青铜人物雕塑，在形与神两方面的表现上多侧重于对神的表现，通过对真实的人物形象进行了删繁就简的提取加工和巧妙夸张来突出其神韵和性格特点，风格奇伟，表现手法夸张而近乎变形，具有一种肃穆神秘的宗教意味。而此后铜佛造像与此风格是一脉相承的。

雕塑艺术在人类发明的历史上几乎和文明同时诞生，由于地域的隔绝，在漫长的发展中形成了东西两种艺术风格：一种以古埃及、中国为代表的东方艺术，它强调的是一种装饰、稳定、明确而又具以形写神的美，如古埃及法老造型、中国秦兵马俑等；另一种是以古希腊、古罗马为代表的欧洲风格，它强调的是一种个性的刻画、生动自然的体态，具有一种健美的体积美。外国的青铜雕塑，继承着古希腊雕塑的传统，大多以人物为题材，手法写实，状人肖像，栩栩如生，有力地表现出人的思想和情感。罗丹青铜浮雕《地狱之门》即是如此。整个雕塑中裸体的 187 个人体疾风暴雨般地交织在一起，在大门的每个角落都拥挤着落入地狱的人们：门楣的上方是三个模样相同、低垂着头颅的男性人体，被称为《三个影子》，他们的视线将观者的目光引入"地狱"；门楣下面的横幅是地狱的入口，即将被打入地狱的罪人们在做着最后的痛苦挣扎；横幅的中央是一个比周围人体的尺寸要大的男性，手托着腮陷入沉思，被称为《思想者》；横幅之下，大门的中缝将构图自然地分为两个部分，但两个部分在内容上是整体的，描绘的是数不清的罪恶灵魂正在落入地狱，他们痛苦而绝望地挣扎着。整个雕塑朴实自然，没有任何矫饰，没有做过细的加工，都保持了粗糙的捏塑和雕凿的痕迹。罗丹认为这是雕塑所特有的一种形式美，它往往可以造成一种变幻莫测的光影效果，增强人们对雕塑丰富性的感受。这显然与中国青铜雕塑题材有别、风格相异。

由上可见，造型的装饰性和写意性，是中国青铜雕塑独具的艺术特色。随着铸铜工艺和雕塑艺术的发展，现代铜雕塑也成为雕塑的主要类别之一。众多艺术家以青铜艺术为源，以铜为材，创作了众多雕塑作品。时下，青铜雕塑题材的抽象化、创作手法的多样化，也是当今中国青铜雕塑的走向。

青铜艺术与传统绘画

　　五千年的中华文明史，有一半是由熠熠生辉的青铜器铸造出来的，延续两千多年的青铜器时代，在中华文明史册上占据着重要的位置。青铜时代虽然早已成为历史，但青铜器艺术的生命活力依然跃动于民族的血脉之中。青铜艺术以其丰富的养分哺育着相关艺术，在汉唐雕刻、魏晋书法、宋代山水乃至明清瓷器中仍有余风遗韵，其中对传统中国画的技法发展有着直接的影响，形成了"器中有画、画中有器"的艺术面貌。

　　中国青铜器上的装饰画的主题可分为两类。一类是描述贵族生活中的仪式活动，如宴请、射礼、祭祀等，如河南赵固出土的刻纹铜鉴上表现的贵族生活中的仪式活动；另一类是描写水陆攻战的图像，如山彪镇出土的水路攻战纹鉴和四川成都百花潭出土的战国嵌错宴乐攻占纹铜壶。这些绘画艺术手法不仅启发和影响了汉画的石雕和砖雕，而且为以线条为主要造型手段的中国画奠定了基础。在汉代和魏晋南北朝时期，外来文化和本土文化的交流和融合，形成了以宗教绘画为主的局面。隋唐时期，社会经济文化高度繁荣，绘画也呈现出全面繁荣的景象。山水画和花鸟画发展成熟，宗教画达到顶峰，出现世俗化趋势。五代两宋时期，人物画转向描绘世俗生活，宗教画逐渐衰落，山水画、花鸟画成为绘画世界的主流。元明清时期的水墨山水画和写意花鸟画发展显著，文人画和风俗画成为中国画的主流。在中国画这一发展历程中，青铜艺术风格如影相随，它所承载的装饰观念与审美意识，对中国画的发展产生极大的影响。

绘画艺术在铜器上的表现更是青铜艺术与传统绘画结合的范例，尤其在铜镜上表现非常明显。从齐家文化起，我们的先人把对太阳的崇拜绘制铸造在青铜镜上，奠定了在铜镜上施展绘画艺术的基础。春秋战国，商周礼器上的神秘图案转移到了青铜镜上，使当时的铜镜画面日趋精美。此后，从几何纹到灵异瑞兽、禽鸟花卉，从神仙世界到现实生活，从传说故事到道德说教，天上人间，物象众多，形神兼备，中国画和图案美在铜镜上表现得淋漓尽致。而源远流长的刻铜艺术则直接在铜面上刻绘书画，至清朝同治初期，北京刻铜名家陈寅生自书、自画、自刻书画于铜质的文房器具，深受文人雅士的喜爱。刻铜艺术是用钢刀在墨盒、镇尺等铜质平面上镌刻书画的一种艺术。刻铜艺人以刀代笔，以铜面做纸绢，运用或老辣、或古拙、或奔放、或细腻的刀法，铜铁相搏，铿锵有力，镌刻出一幅幅具有浓烈金石韵味的书画作品。它融雕、镂、刻、镶、磨等工艺于一身，汇诗、书、画、印成一器。精美厚重的历史印痕和文化承载，使之具有浓厚的艺术气息，其艺术表现形式独特，赋予了书画作品浓烈的金石韵味。

青铜器纹饰的演变，对中国传统以图形为主体的造型艺术如中国图案艺术的影响也颇为深刻，甚至中国在青铜器上铸刻文图的习惯与反文铸模，对金石艺术、雕版印刷也有着启示意义。无论青铜纹饰还是传统绘画，都以线条为美，一线相连，传承着中国传统的审美理想和趣味。

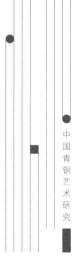

青铜艺术与书法篆刻

　　青铜艺术对中国美术的影响是积极而深远的。远溯帛画、书法、雕塑，那金石的书法、浑朴的汉石刻，甚至宋元山水，莫不有中国青铜艺术的影子。中国青铜器的艺术魅力主要表现在三个方面：构思巧妙的造型、富丽精致的纹饰、风格多样的铭文书体，其中青铜铭文对书法的影响更为直接而明显。

　　可以说，被称为钟鼎文的青铜铭文是书法的源头之一。书法是中国一门古老的艺术，从甲骨文、金文演变而为小篆、隶书，到草书、楷书、行书诸体，书法一直散发着艺术的魅力。殷商的钟鼎文直接承袭甲骨文，从甲骨文发展而来，是迄今所见最古老且内容丰富的书法形态。这些文字不仅体系成熟，而且书写技巧极高。商周时期的青铜器铭文大致分为两类：一类是族徽铭文，具有较深厚的图画意味；一类是记事金文，庄严而规范。铭文开始从装饰性到书写性的风格转变，是书法走向艺术化的初级阶段。商人喜好对点画加以修饰，使为数不多的铭文缀合成组，浑然一体，具有较强的装饰化、图案化特点。点画的复杂化，难以用一次性书写来表现，毛笔书写的特性遭到削弱。而周人在商金文的影响下，除了延续端庄与典雅的风尚之外，逐渐摒弃装饰性描画用笔，点画、结构逐渐向一次性书写过渡，使得线条更加纯化、圆融、饱满。这种钟鼎文与陶文、殷墟卜辞（甲骨文）、石鼓文被称作"三代吉金"之"篆"。由篆而隶变是中国文字史上的一次重大变革，是古今文字的分水岭。汉字经过隶变而由古文字阶段转入今汉字阶段，这个变化无论在文字史还是书法史上都有着划时代的意义。

青铜艺术还影响着书法美学的追求，那就是"金石气"。"金石气"是书法重要的审美范畴之一，其"金"指古代青铜器上的铭文，如殷商、西周、春秋战国和秦汉时期的钟、鼎、彝、簋、盘、镜等；"石"则指古代的石刻书迹，如秦汉、魏晋南北朝和隋唐时期的大量碑刻、墓志、造像、经幢等。"金石气"是中国书法风格中"书卷气"之外的另一种追求。现代书画大家潘天寿概括得十分精辟："石鼓、钟彝、汉魏碑刻，有一种雄浑古拙之感，此所谓'金石味'。"这种刚健之气，主要是以线条形成过程中的速度变化来实现的，只有刚健的笔法才能使字变得劲健刚毅、斩钉截铁、干净利落，给人以健康的美感。

与书法同出一脉的篆刻，作为印章特定形式表现的一门艺术，将汉字书法的美与章法表现的美、刀法展现的美及金石的自然美融为一体，与青铜艺术更是血脉相连。青铜与"鼎"的关联，使其成为具有印章社会属性的诚信之物。篆刻艺术是在古代印章的基础上发展起来的。古玺以其独特的艺术风格和表现力，为篆刻艺术奠定了深厚的基础。据史料记载，最早的古印是古玺，由专门的工匠制作而成，是古代人们交往中作为权力和凭证的信物。在秦朝，皇帝的印章被称为"玺"，普通人的印章称"印"。汉代是篆刻发展史上前所未有的辉煌时期。一些官方印章被称为章或印章，私人印章被称为书信印或印信。汉代的铸印庄重而雄浑，凿印雄浑而非凡，这两种不同的风格对后世的篆刻产生了很大的影响。从隋唐五代到宋元，官印的印面增大。在这个时候，书法和绘画都已取得了很大的进步，书画家以收藏书画为目的，对作品进行钤盖印章，使收藏印、斋馆印和闲文印流行起来，这是实用印章向篆刻艺术发展的重要阶段。印章与书画有机结合，印章也变成一种具有文学意义的鉴赏艺术，成为诗歌、文学、书法和绘画的补充，被合称为金石书画。随着清代金石学的盛行和历代大量金石文物的出土，许多学者终身致力于对这些文物和古文字的收集、研究、书写和传播。而在这一历史流变中，中国古代丰富多彩的青铜纹饰，以经典艺术的文化内涵深刻地影响着篆刻艺术，其主要体现在青铜器形制对印纽艺术的影响、青铜纹饰在印章边款艺术的应用、青铜器纹饰在篆刻印面章法和字法的应用上。可以说，从青铜锲铸到石材镌刻，篆刻艺术从鼎信之物走向审美自觉，印材拓展，文质延伸，才形成了自己的美学品格。

青铜艺术与其他器物艺术

　　中国古代艺术设计经历了陶器的出现、青铜器的制造和金银器的使用等过程。原始社会设计艺术以陶器作为当时的标志，那时陶器虽然给人以美的享受，但它的主要功能还是实用功能。到了原始社会末期就出现了青铜器，并盛行于商周时期。青铜器在继承陶器的基础上，又发展出自己独特的造型与装饰，这些独特的造型设计与装饰设计都蕴含着当时人们的物质观和精神观。而在西汉时期出现了金银器，金银器的出现就标志着中国古代工艺技术进入一个更高的阶段。由此，青铜艺术与陶瓷、玉器、金银等器物艺术有着源流关系，与陶器、瓷器、漆器、玉器、织染刺绣、牙木竹骨雕等工艺一起演变消长，相互渗透，相互影响，并集结成中国传统工艺的美学体系。

在中华文明的初创时期，新石器时代的玉器与青铜时代的铜器在文化传统上有相当的联系。玉文化是我国最早的文化之一，持续时间长，内容也很丰富，距今大约有 8000 年的历史，其发展大致有四个时期：第一个时期是新石器时代，这是玉文化的"童年时代"；夏商周是第二个时期，是玉文化的"少年时代"；秦汉时期，我国玉文化正式进入"青年时代"，形成了比较系统的玉文化；汉唐以后，玉器开始走下神坛，玉文化进入全民普及时代。而陶器作为新石器时代发明的生活用具，一直到隋唐时期瓷器开始大量生产并且逐渐普遍化后才开始慢慢退出历史舞台。陶器中有许多器物类型都被青铜器直接铸造和使用，并且随着商周时期祭祀制度和礼仪制度的完善，逐渐被赋予了礼器的作用。因此在三代时期，青铜器主要体现在重礼的制作上；对于寻常百姓来说，陶器仍然是当时主要的生活用具。瓷器的出现对于古代社会来说是一次深刻的变革，它让青铜到瓷器完成了从礼器向世俗化的转变，成为普通百姓家中常见的日常用品。瓷器的世俗化还体现在瓷器的纹饰和制作上，瓷器中开始大量出现各种极具世俗审美和民间情趣的图案纹饰，如婴孩图、鸳鸯戏水、花卉蝴蝶、民间戏剧、历史故事、民间生活场景等图案，成为反映当时社会风貌的重要组成部分。

中国工艺美术是中国人民在不同历史条件下，利用各种物质材料和技术，满足物质和精神需求而创造的人工创造物的总称。青铜器、玉器和陶瓷具有不同的材料特征和不同的表现形式，但其文化内涵是相同的。它们之间的高度相关性不仅体现在器物的相似性上，还体现在造型、装饰和结构内涵上。商周时期，青铜器取得了辉煌的成就，工艺创作的实用性和精神内涵进一步丰富和强化，并将大量的社会和宗教意识渗透到精神内涵中，使这一时期的工艺美术具有崇高的审美魅力。春秋战国至秦汉的工艺美术，体现了中国早期封建社会经济实力和意识形态的发展，以及理性主义精神的兴起和弘扬。它将现实生活的价值追求与继承原始文化传统激情浪漫的形式有机地结合起来，形成了轻盈、活泼、飘逸、强劲、古朴的审美特征，这在青铜器、陶瓷、漆器、丝织物中得到了充分体现。中国工艺美术在盛唐初年全面发展，呈现出繁荣发达的景象。织锦、印染、陶瓷、金银器、漆器、木工的技术水平和生产规模均超过上一代。随着经济的发展、中外文化的交流和人们思想的解放，隋唐工艺美术呈现出广阔的发展势头、精湛圆润的装饰工艺和丰富的形态特征。中国古代工艺美术的完美范式和境界出现在宋代，主要集中在陶瓷上，为了保持创作与主体审美理想的和谐统一，形成了淡雅、朴素、含蓄、心物合一的审美风格。明清工艺美术继承了宋代以来的审美追求，逐渐程式化、完善化，艺术风格日趋矫饰雕琢、精致繁缛。在中国工艺美术这条河流中，玉的圆润、陶的质朴、瓷的典雅和青铜的厚重，以相同的文化内涵和审美基因，共同纺织了中国传统工艺的锦绣。

第 九 章

青铜艺术在公共空间领域的呈现

青铜艺术在建筑领域中的呈现

　　梁思成先生在《中国雕塑史》中说："艺术之始，雕塑为先。盖在先民穴居野处之时，必先凿石为器，以谋生存；其后既有居室，乃作绘事，故雕塑之术，实始于石器时代，艺术之最古者也。"中国雕塑历史早于建筑历史，但其后往往作为建筑的附属形式而出现。铜雕作为中国古代雕塑艺术的代表，它在建筑领域中，或本身就是建筑的某一个构件，或为建筑提供装饰性元素，如中国古代建筑的屋顶屋脊上的仙人走兽、大殿的铜顶、塔顶的风铃等。这是铜雕在建筑领域的运用，也就是铜雕建筑艺术。

铜建筑构件艺术

中国古代的建筑是造型艺术之一，凡用砖石、金属、木材、混凝土、玻璃等各种材料建造的宫殿、楼阁、亭台、寺庙、塔院、会堂、桥梁、陵墓等立体物，均属"建筑"，建筑艺术即是通过这些建筑的实体与空间（包括周围的自然环境）的统一组织和处理，使建筑物既具实用功能又达到审美要求的一种综合性艺术。由此，青铜建筑构件，作为青铜器物和建筑构件的统一体，成了青铜艺术与建筑艺术的结合点之一。

经考古勘探，在位于陕西凤翔县南的姚家岗宫殿遗址内，人们发现了曲尺形、楔形、方筒形、小拐头形等多种类型青铜建筑构件，这批青铜建筑构件表面一般都饰有蟠螭纹或蟠虺纹。而在位于郑州市西北的小双桥遗址，人们发现有夯土建筑基址、窖穴、祭祀坑、灰坑、壕沟等文化遗迹及青铜建筑饰件、石磬、原始瓷尊、石圭等重要遗物，并采集有 2 件整体近方形的青铜建筑构件。其中一件平面为"凹"字形，高 18.5 厘米，正面宽 18.8 厘米，侧面宽 16.5 厘米。两侧面各有一个 6 厘米 ×4.2 厘米的长方孔，壁厚 0.6 厘米，重 6 公斤。正面饰单线饕餮纹，侧面在长方孔四周为一组龙虎斗象图，龙虎形象生动，象为艺术变形。据分析，这应是宫殿正门两侧枕木前端的装饰性构件。这一青铜建筑饰件，造型独特，纹饰繁缛，实为商文化中少见的精品。这对研究商代青铜冶铸技术、青铜器花纹图案以及商代建筑的发展水平等都具有十分重要的意义。

今夕胧月夜，映照铜瓦当。秦代大兴土木，我们从一些现存的建筑构件遗物上便可见当时的青铜艺术之风。俗话说"秦砖汉瓦"，瓦当是古代建筑用瓦的重要构件，具有保护木制屋檐和美化屋面轮廓的作用。就其质料区分，瓦当主要有灰陶瓦当、琉璃瓦当和金属瓦当，灰陶瓦当从西周到明清始终是其最主要的品种；金属瓦当有铸铁、黄铜和抹金三个品种，宋元明清时期，个别建筑物上使用了金属瓦当。瓦当是建筑的主要构件之一，也可以说是小件浮雕艺术之精品。瓦当上有卷云纹和动物纹，构思巧妙、变化多端，而其中动物纹瓦当充满了雕塑趣味。如"子

瓦当

铜幕墙

母鹿纹"瓦当，表现一只带着孩子的活泼腾跃的母鹿，咫尺空间内把生意盎然的生命浓缩起来，有着浓厚的装饰趣味。

　　杭州雷峰塔为精雕细琢的现代铜雕建筑构件精品。金色的拱顶发出的光彩无比炫目，塔外部装饰采用铜饰，青铜色的瓦，红色的斗拱，都用现代铜雕工艺制成。塔身八个面交接处的拱角上都挂有铜铃，风吹过时便有充满古韵的铃声响起。除黄铜质地的斗拱、柱、枋外，塔顶覆盖着2万块锡青铜瓦，面积为3500平方米。铜瓦防雷、防静电、防腐蚀、防台风的功能较一般建材更有优势，并且由于表面经过特殊的氧化处理，铜瓦千年不会变质，是极好的建筑构件。雷峰塔整座塔共用去 250 吨铜原料，是迄今世界上采用铜件最多、铜饰面积最大的塔。

铜幕墙的应用近几年刚刚兴起，但势头正旺，如武汉琴台大剧院铜幕墙、中国农业银行数据中心铜幕墙、首都博物馆青铜幕墙等。铜幕墙是由结构框架与镶嵌铜板材组成，不承担主体结构载荷与作用的建筑围护结构。铜幕墙将精湛的铜工艺与现代科技结合，从简单到繁杂、从整体到局部，精雕细琢，带有金属光泽，使建筑物拥有逐渐变化的特性，如同拥有生命而不断演化，令有限的空间延伸无限的气度。铜幕墙的建筑还会在 200 年内不断变化光泽，色彩逐渐从亮红色到暗红色、黑色、墨绿色，最后维持浅绿色，让建筑体现出生生不息的生命。

而今，铜门、铜柱、铜窗、铜线条、铜栏杆、铜吊顶、铜瓦、铜斗拱、铜砖等，诸多形式的铜制建筑构件层出不穷，为建筑添砖加瓦。从上海展览中心气势恢宏的金顶、北京中华世纪坛的青铜门，到西安大雁塔唐玄奘纪念堂中的铜壁，这些都是青铜艺术在现代建筑中的精彩演绎。

铜建筑饰件艺术

人类学家认为全世界各地古代雕像都出现在祭坛、庙墙、柱子和石壁上，成为宗庙建筑的"装饰物"，并作为宗庙建筑的祭祀中心、主题物而承载着相应的内涵。在古代中国，雕塑艺术以材料可分为铜雕、泥塑、木刻等，而铜雕和泥塑主要为佛像类，木刻则大多为装饰效用。这些在古代建筑中屡见不鲜，并起着装饰性的作用。

我国古代青铜器的装饰图案，通过凹凸效果，展现形和线的完美结合。商周时代的青铜器常见的有饕餮纹、云雷纹、夔纹和鳞纹，到了春秋战国时代，青铜装饰打破了商周的格式，向反映战争场面和人们日常生活等新颖领域发展。如汲县铜鉴上的水陆攻战图纹，即刻画了二百九十多人，包括格斗、射击、划船、击鼓、犒赏、送别等炽热的战斗生活场面。这一类的青铜装饰图画对汉代的画像石、画像砖有着直接的影响，甚至在明代的铜建筑装饰上也可以看到春秋战国之遗风。

中国建筑体系是以木结构为特色的建筑艺术。传统建筑中的各种屋顶造型、飞檐翼角、斗拱彩画、朱柱金顶、内外装修门及园林景物等，充分体现出中国建筑艺术的独特之美。而这些台榭宫室内外梁柱、斗拱上均作装饰，墙壁上需饰以壁画，这些为青铜艺术建筑装饰化提供了广阔的空间。北京故宫是中国明清两代帝王的宫城，是中国古代建筑的杰出代表。它受中国传统观念影响，坐北朝南，沿一条中轴线层层铺展，形成了磅礴威严的气势。广场中间的太和殿，金碧辉煌，至尊至上。殿前宽阔的月台上陈设着铜龟、铜鹤、日晷和嘉量。这些铜制品不仅象征着江山永固统一，也丰富着殿前空旷的露天空间。明清时，每岁元旦、冬至、皇帝生日三大节日及国家重大庆典时，皇帝常于太和殿受百官朝贺。那时，铜龟、铜鹤因腹内引燃松香、沉香和松柏枝，从口中飘出袅袅香烟，萦绕在殿前，给肃穆壮观的仪式渲染上神秘的气氛。这些铜龟、铜鹤与铜狮、青铜铺首等一样，都是中国古代建筑装饰性的部件，是中国传统建筑装饰艺术的载体之一。

白色的大理石与镀金铜门的对比，山墙上的金质装饰与檐部下的装

新中国铜工业从这里开始（铜浮雕）

故宫狮

饰带的呼应，这些是青铜艺术对建筑的点缀之美。而今，锻铜浮雕以其纹饰清晰、立体感强、轮廓清楚、形象传神，被广泛运用于公众场合的建筑装饰中，已成为青铜艺术建筑饰件化的主要流向。

铜整体建筑艺术

建筑是人类生活居住和活动的空间环境，建筑艺术则是一种立体艺术形式，它是通过建筑群体组织、建筑物的形体、平面布局、立面形式、内外空间组织、结构造型，以及建筑的质感、色彩、装饰等多方面所形成的一种综合性空间艺术。建筑艺术作为人类重要的物质文化形式之一，主要是技术与艺术相结合、实用与审美相统一的造型艺术。同时，历代建筑艺术形象具有特殊的反映社会生活、精神面貌和经济基础的功能，与它所处的历史时代、地理气候、民族文化和生活习俗密切相关。因而，就实用造型艺术而言，建筑艺术和青铜艺术具有相类似的特征，这是青铜艺术在建筑艺术中应用的基石。

中国建筑在七千年前河姆渡文化中即有榫卯和企口做法，半坡村已

贴金双龙图浮雕　　　　　　　　　　　　　　　　　鎏金尊胜佛塔

有前堂后室之分；殷商时已出现高大宫室，西周时已使用砖瓦并有四合院布局，春秋战国时期更有建筑图传世；秦汉时期木构建筑日趋成熟，魏晋南北朝时期佛寺佛塔形式多样，屋脊出现了鸱吻饰件；隋唐时期建筑因采用琉璃瓦而更富丽堂皇；两宋都市建筑兴盛，商业繁荣，豪华的酒楼、商店各有飞阁栏槛，风格秀丽；明清时代的宫殿苑囿和私家园林华丽烦琐，威严自在。这是中国建筑的技术史和风格史。中国古代建筑艺术，反映出各个时代中华民族的文化特色。而中国青铜器时代距今已有五千年历史，并且青铜文化一直伴随着中华文明而生生不息。可以说，璀璨的铜建筑艺术即是中国青铜艺术与建筑艺术的交响曲。

　　铜建筑是指整个建筑物均是用铜铸成的，主要有铜殿（金殿）、铜亭、铜塔、铜桥等。贴金的浮雕、鎏金的佛塔、美轮美奂的铜亭、金碧辉煌的铜殿，以及铜桥，这些中国铜建筑以其独特的材质、优美的造型和丰富的艺术装饰闻名于世，尽显中国青铜艺术的风流。

　　无论是建筑构件还是建筑饰件，无论是建筑总体还是建筑局部，青铜艺术在建筑中呈现出的都是金声石韵之美。

青铜艺术在景观领域中的呈现

　　环境艺术理论家多伯说："环境艺术的实践与人影响其周围环境功能的能力，赋予环境视觉次序的能力，以及提高人类居住环境质量和装饰水平的能力是紧密联系在一起的。"环境艺术是包含城市规划、城市设计、建筑设计、建筑物、广场、城雕、纪念碑、壁画、建筑小品等，及至栏杆、花池、台阶等人造景观，包括山脉、地形、河流、树木、草地等自然景观组成的艺术范畴，它与人们的生活、生产、工作、休闲密切相关。城市设计专家诺伯特·舒尔茨提出的"城市意象"，我国建筑学家梁思成提出的"建筑意"，都是对环境艺术综合效果提出的高层次目标。"环境的艺术化"和"艺术的环境化"，是环境与艺术的互动。而青铜图案、铜雕小品、铜壁画等在现代园林、景观领域的运用，主要是构成环境艺术的载体。

青铜图案在现代园林设计中的呈现

我国青铜器造型和纹饰特征因受其文化背景、宗教信仰以及铸造工艺的影响，不同时期展现出不同的艺术造型，种类丰富，寓意独特。至今考古学界发现的青铜纹饰不下百种。如饕餮纹寄托了商周时期奴隶主对权力地位的渴望，这时的纹饰带有威严、富贵之意，而且具有独特的形式美。青铜造型奇特，纹饰巧妙地将点、线、面有机结合、排列，给人带来视觉上的享受。它以"对称与共形、多样与统一、对比与调和、条理与重复"构成的美学原则，影响着现代设计，其内容与形式都为当代设计提供了很好的借鉴。我们要善于将青铜元素运用到现代园林设计中去，使我们的生活空间更多一份亲和力、多一些文化品位和历史的厚重感。

我们可以通过模仿和借鉴，将青铜造型和纹饰符号作为设计元素直接在景观体上加以表现，或作为表面装饰应用，或放大后作为景观单体呈现；也可通过提炼与重构，以抽象、夸张、分解、转换等手法提取最具代表性的元素，与现代设计相结合，进行传承与创新。中华民族传统文化中的吉祥文化，以其特有的艺术形式影响着、渗透着人们的生活。因而，在现代园林设计中，我们可以结合现代人的情感和审美意识，将青铜文化中的造型和纹饰以原型再现和创意再现的方式加以设计，应用到如建筑造型、景窗、护栏、花格等中，给现代园林注入青铜吉祥之美和当代精神的新内涵。如铜陵乌木山太阳历广场为观测日全食而建的简仪青铜雕塑。简仪用于测量天体位置，是我国最先发明的赤道装置，简仪青铜雕塑赋予了其新的内涵，既体现了天文景区的相关内容，还融入了铜文化的地域特色，更展现了铜陵的魅力。

青铜艺术在当下环境景观中的呈现，往往是对青铜纹饰和器形的模仿再应用和提炼与重构。景观设施主要有灯具、座椅、廊架、垃圾桶等，在公共空间环境中具有观赏性和功能性。因而，我们可以充分将青铜纹饰作为设计灵感的来源，对纹饰造型重新提炼概括，配以不同的工艺材料，从中发掘可用元素并使其与现代美学相结合，将传统文化融入日

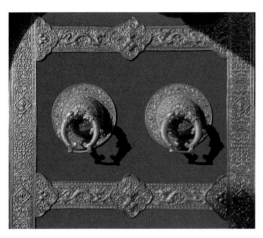

铜门装饰　　　　　　　　　　　　　铜景窗

简仪

常生活。如设计的凤鸟纹路灯，使古老的青铜纹饰焕发了新的活力。再如园林铺装纹样因环境和场所的不同而具有多种变化，不同的纹样给人们的心理感受也是不一样的。在生活中，一些用砖铺设成为直线或者平行线的路面具有增强地面设计效果的作用。一些规则的形式会产生静态感，暗示着一个静止空间的出现，如正方形、矩形铺装；三角形和其他

放飞中国梦　　　　遛狗

一些不规则图案的组合则具有较强的动感。因而在园林铺装中，我们可以运用多种多样的青铜纹样形式来衬托和美化环境，增加园林的景致，如座椅、宣传牌、书巢、景墙、铺装、绿化、城市照明设施等。

　　青铜图案作为设计语言可以被用在单一的景观体设计上，还可以用于整体的景观规划和总体设计当中。我们可以以青铜纹饰的内涵寓意，赋予整体景观一定的故事性，增强设计语言表现力，做到传统与现代相结合。如上海博物馆的方形基座和放射形圆台体现了"天圆地方"的传统思想，建筑顶部的结构更像是青铜鼎，外立面也采用了青铜器造型纹样元素，具有深厚的文化意蕴，体现人们对自然的崇敬与对民族家庭吉祥福瑞的愿望，给人们带来了归属感。

青铜艺术在当下环境景观中的呈现

　　景观雕塑，是城市公共环境这个有机整体的重要部分，它与城市建筑一起构成凝固的交响乐。景观雕塑与城市建筑的共同点在于两者都是有形有体的造型艺术，但是建筑艺术只能以抽象的形象来感染人，如根据不同的主题给人以肃穆、亲切、庄严、舒适、幽静、愉悦等不同的感受，却难以表达具体的思想内容。景观雕塑比建筑更具有表现性和说明性，它们每每立于观赏核心的位置，确切表达场所的主题，成为画龙点睛之笔。景观雕塑主要有主题雕塑、装饰雕塑、功能雕塑：主题类雕塑和装饰性雕塑，主要分布在广场、交通干线绿化带、较大规模的新建小区及商业中心等城市重点地区，以雕塑作为大空间的装饰，创造人性化的都市空间；功能雕塑无处不在，花盆、桌椅、护栏、扶手抽象为中国传统的花鸟鱼虫，或者抽象为某种现代符号时，就成了功能性的雕塑了。这些城市雕塑是城市精神、文化、风俗、传说等的高度概括，有的成为一座城市的标志性建筑。它体现了城市本身对自身文化的认知和张扬，留存着城市的文化印迹，往往代表着一个城市的物质文明和精神形象，是城市空间设计的点睛之笔。

青铜器从材质、造型到图案都有丰富的文化内涵，将青铜元素运用到城市景观设计中，不仅能提升城市景观的文化内涵，而且能对观赏者的心理产生积极的影响。景观雕塑以石、铜、钢等为主要材质，而以铜为材的景观作品，则是青铜艺术在环境艺术领域的主要形式。荷兰的鹿特丹的《被摧毁的城市》即是青铜制成的纪念碑，是为纪念该市 1940 年被德国法西斯所杀害的五万居民而创作的。这座雕像所塑造的人，胸中是空心的，做痛苦挣扎状，给人以强烈的震撼，达到了强烈控诉法西斯罪恶的目的，并象征着城市内心所蕴含的痛苦和迎接挑战的意志。雕像也是鹿特丹市最好的象征之一。它是金属的音乐，青铜的史诗。

中国景观雕塑在早期多作为纪念和祭祀之用。传说，黄帝死后，他的大臣左哲在木头上雕刻了一尊黄帝的雕像，并带领诸侯们朝拜，这可能是中国最早的景观雕塑。与石雕一样，中国青铜雕塑一开始常常被列为皇家陵园的神道之一，为皇权服务；或者立在祠堂之中为宗教服务。从那时起，中国历史上的景观设计主要服务于少数人，如皇宫和江南园林。作为中国传统景观设计的代表，它们是为权贵和退休官员建造的，往往反映了少数人的审美情趣。皇宫的富丽堂皇和复杂充满了儒家规范，建筑风格也追求一种华丽的美，表现皇帝的威严和尊贵。而叠山理水的园林，展现出来的是如人文画般的意境，透出一种强烈的带有东方气质的美感。青铜文化在我国有着相当长的历史渊源，它是人类从原始步入文明的里程碑。古代人们把铜称为吉金，成语"掷地金声""金石之声"即源于此。而在传统中国，紫铜、黄铜被赋予了辟邪、旺财的特殊作用。因而，在皇家宫苑、江南园林中，青铜景观雕塑为古代环境艺术设计注入了铜色铜韵。20世纪之后，作为塑造景观的重要元素之一的城市雕塑，被引入建筑环境中，雕塑成为环境与城市交流的纽带。而其中，城市铜雕便是城市雕塑的主流形态之一，有时甚至起着"主角"作用。如奥林匹克民族景观大道上的奥运主题铜雕《春秋鉴》、长春世界雕塑园的主题铜雕《友谊·和平·春天》、广州白云国际机场入口处中心绿化带的铜雕《五云九如》，它们在公共空间发出的是洪钟大吕之音。

自行车

摔跤

幸福一家人

划船

纤夫崖

奥林匹克民族景观大道上的《春秋鉴》

　　景观雕塑作为环境艺术的有机组成部分，是城市空间中的景观，但又可主导空间，其主题和类型应该与公共空间的功能和特点相联系。它传承着城市的文明，记录着当地悠久的历史文化。因而，景观雕塑不仅要满足美化环境的要求，而且应该在更深层次上对艺术和环境作出理解，赋予城市雕塑深刻的文化品格，使其能够起到体现时代精神的功用。青铜景观雕塑既是城市之"魂"，也是镌刻于立体艺术品上的"历史"。

　　南京青奥文化体育公园的青奥雕塑群，涵盖了自行车、鞍马、划船、足球、射箭等青奥会比赛项目，用雕塑定格精彩的运动瞬间，用艺术手法诠释了运动和竞技之美，向人们传达出运动员的拼搏精神和顽强意志。这些雕塑既体现了奥林匹克精神，也向世人展示出南京的城市理念和文化内涵，深受南京市民的喜爱。

　　铜陵国际铜雕艺术园的景观雕塑，集中表现了创作者对这座工业小城美好生活的期许和向往：《纸飞机》吸取传统雕塑造型方法，表现了一个系红领巾的少先队员手执纸飞机在祥云上奔跑的场景，力图表达出祥和平静的美好意境；《花园》将心中的梦想与希望融入作品，以花园喻希望；《墨韵泥痕——风竹》通过对东方水墨意境的体悟，诠释"自然与人文、物质与精神"的永恒主题；《莲花意象》表现莲花以水的形状涌现，意向性地表现了清水出芙蓉的场景。

　　这些遍布大街小巷的铜制景观雕塑，如一串串散落在城市钢筋水泥间的金属音符，给人们带来无限的遐想。它们在无声地讲述着城市千年的历史，静静折射出千年文明久远的光辉，延续着古城的绵绵不绝的文化血脉，展现着城市独特的文化神韵。无论是青铜雕塑、纪念碑，还是锻铜壁画、建筑小品，都是城市发展的文脉，是城市的历史纹理，是城市的铜响钟鸣。

　　现代景观雕塑不论在内容还是形式上都极为丰富多彩，除传统的水泥、石雕之外，还有焊接雕塑、风动雕塑等。由于受现代西方艺术的影响，题材和形式以装饰的手法居多，如装饰人物、动物、抽象或半抽象等形式的作品，在限定的时空环境中有序地组合，呈现出富于节奏的韵律美，使自然与环境相统一。

纸飞机　　　　　　　　花园

墨韵泥痕——风竹　　　　　　　　莲花意象　　　277

第 十 章

青铜艺术在文化产业领域的应用

一

青铜艺术在日用器物中的运用

　　无论是相对独立的物态形式呈现的文化产品，还是以演出、娱乐等提供的文化服务，抑或是向其他行业输出文化附加值，文化产业都是以文化为元素，融合相关产业，利用不同载体构建的业态，并实现着文化价值与产业价值的相互赋能。在这种文化产业视野下，青铜艺术该如何与其他领域相融相生呢？青铜艺术的"跨界"首先表现在日用器物中，这是其回归"日用之道"的路径。"日用之道"是指器物之美与生活的结合，它"以物抵心"，展现"日用之美"。在日常生活中，一双筷子包含着古代先人们的智慧，一套茶具表现出古人的生活样式。这就是"器以载道，物以传美"。其中的"道"是指器物在日常活动中，因为频繁重复使用而自然形成的最合理、最方便、最简易的规则，而"美"是指器物表现的艺术之美和寄寓生活的美好。"日用之道"，是对中国传统美学和生活方式的继承，是当下时尚、优雅的生活方式的展现。生活需要实用的器物，也需要美化的装饰。青铜艺术兼具实用和审美两种属性，因而，它在我们的日常生活中往往以铜生活用品和铜工艺品的姿态出现，将日用和装饰融为一体，呈现出一种生活的审美态度。

铜生活用品

在传统中国，铜器和陶器、瓷器、玉器、金银器等大多以器皿、饰品为主，在生活领域的各个方面得到广泛使用，从而演变成一种生活方式、一种习俗，甚至是一种日常生活态度。约公元前 21 世纪，中国进入青铜时代，青铜广泛地用于制作生产工具、武器、车马上的构件、礼器等，以及多属于日常工具和生活用具的如刀、锥、钻、环、镜等器物，其应用几乎涉及社会生活的各个方面。近一个世纪来，各地出土的商代青铜器不断增多，精美绝伦的铜工艺品、种类繁多的铜日用品、礼仪祭祀的青铜彝器、金声玉振的铜乐器，等等，无不显示出铜器与远古人们生活息息相关。秦汉之后，及至明清，铜镜、铜炉等大为盛行，如汉代著名的"博山炉"。"博山炉"一般多用青铜铸成，炉的基座部分状如今日玻璃酒杯之承盘，盖上则饰以连绵仙山以及各式奇花异兽，盖上有孔使香气溢出。这种熏香除秽的观念及炉具的形制，还受到当时流行的神仙方士思潮之影响。至唐朝佛教大盛，香料的消耗急剧增加，炉具的形制自然更加繁多，同时也发展成有各种材质的炉器，有铜制品、绞胎器、金银器等。这一时期的炉具莫不雕镂精致，工艺华贵富丽。宋朝时，由于香料的广泛使用及烧瓷技术的跃进，各地各窑烧制出众多独具风格的瓷炉。这些瓷炉大多仿自古铜器的形制，如鼎、彝、鬲、簋等，传承着青铜艺术的美学精神，营造出单纯朴实之美。但在瓷器极盛的宋元时期，瓷炉量并不大，铜炉仍占有极其重要的位置，而后宣德炉的出现，使铜炉艺术大放异彩。传统铜生活用品种类很多，如铜壶、铜锁、铜家具等，也是这样沿着青铜艺术之脉，朝着铜艺生活化方向前行的。

原始先民相信万物皆是神，把器物视为有生命的存在。祖先的创造观念是"功能随从形式"。因此，在工艺制作过程中，兼顾使用中的实用感和艺术感，使造型融入自然生命的形式，在静止中看到线条和表面的平滑，使造型图案与人们的生活活动相匹配，体现出一种韵律美。在制作许多与生活息息相关的产品时，不仅要考虑其使用功能，而且要注意其审美趣味，使其能用于生活和装饰。例如，尽管铜镜在中国古代是

宣德炉

狻猊葡萄镜

长信宫灯

一种"正衣冠"的工具，但其装饰图案非常精美。战国时期，赵武灵王喜欢骑马和射击，因此，装饰着骑士与动物搏斗场景的铜镜成为这一军事时期的时尚。这种在铜镜有限的装饰面上塑造出充满野性风格的大动作造型，具有一种别样的节奏感。铜灯是古代常见的生活必需品，从今天出土的文物来看，不同位置的人们使用的灯具也大不相同。最著名的是河北满城出土的"长信宫灯"，铜灯以安详的少女形象为灯体，双手托起灯罩，整体为空腔，避免烛烟散落，结构巧妙。当代的铜日用品，无论是铜茶具、铜香炉、铜花器还是铜厨房用品，也是遵循一样的道理。产品的价值不仅在于实用，还在于美的装饰。

铜生活饰品

　　装饰的出现标志着人类另一种需求的出现，即对"美"的追求。早在远古时代，人们就开始用动物骨骼制作头饰、耳环、项圈等饰品。作为原始祖先的一种重要装饰，自从山顶洞人使用项链以来，各种装饰在诸多古代文化中都很流行。半坡遗址是我国新石器时代的重要遗址之一，出土了大量的各种装饰物，包括700多个椎骨、T形和圆柱形骨发卡；用玉石、牙骨、贝壳制作的弦饰相当精美。此后，随着生产力的发展，越来越多的装饰品出现在人们的生活中，成为生活中不可缺少的东西。从制造技术的角度来看，中国古代许多器物的美感虽然是由当时的工艺条件决定的，但在很大程度上也受到当时的风俗、时尚和宗教信仰的影响。生活饰品，主要有铜摆件挂件、铜车马饰品、铜服装饰品等，其中铜服装饰品则有青铜带钩、青铜牌饰、青铜带饰甚至佩剑等。这些古代时尚饰品设计反映着先民的生活情趣，表现内容或以中国民俗为主，如青龙、白虎、朱雀、玄武等素材；或以动物造型为母题，将千姿百态的动物纹表现在各种青铜装饰品上，呈现出一种民俗与现实文化生活相结合的艺术魅力。

　　"金石鼎彝令人古"，古代中国有仿制或收藏先人铜器的生活传统，铜仿古器物是人们古雅生活一部分，它使中国人的生活充满着古铜趣味。如袁宏道在《瓶史》里所述，若不合于当时的生活美学，"虽旧亦俗也"。沈德符于《万历野获编》中说："玩好之物，以古为贵。惟本朝则不然，永乐之剔红、宣德之铜、成化之窑，其价遂与古敌。"因商周之器传下甚少，而当时人们营造古雅生活之需求日盛，所以仿古器物大量流通。时人亦不以为意，只要铜质、花纹俱佳，无论铜器是否仿

琵琶　　　　　金蛇狂舞之春回大地　　283

古，皆可为赏鉴之物。而明代晚期之后，人们好古的生活情调盛行，从崔子忠《博古图》等晚明时期的赏玩古物之图中，可见当时玩古风气之炽。由此可见在晚明人的生活中，古代青铜器早已淡化其原有的实用功能，转而成为陈列品或生活装饰品，它将人们的日常生活装点得清雅而古意横生。而当下，刻铜画、铜装置（饰）、铜家具等，也在装点着人们的生活。

现代铜生活

随着时代的不同和社会的进步，生活用品和饰品已经包含了更多的更深层的含义。生活用品和饰品实际上已经成为一种生活态度、生活方式的代名词。作为生活用品和饰品之一，铜工艺品既传承着青铜艺术，又将创作语言多样化发展，如以抽象造型为题材的人物摆件，体现出女人美丽的身材，从而将生活点缀得高雅别致、情趣盎然。而其中，有着两个向度的审美走向：一是古典化，如国家博物馆开发的专用文创衍生品"军事刻辞牛骨"铜镇纸、铜冰鉴茶台、"三轮铜盘"铜果盘、大汉尊茶具套装、"镂空兽纹铜奁形器"铜笔筒、青瓷羊铜镇尺等；二是时尚化，如卡通版的萌系的铜工艺品，与当代的生活美学化、轻奢化产品、时尚体验、家庭文化消费、互联网文创电商等融为一体，由此使青铜艺术融入生活，生活美学化、艺术常态化。

当下，青铜艺术在生活领域的运用日渐广泛，所承载的器物越来越繁多，如中国古代青铜器纹样在现代时装、家具、家居装潢等视觉设计上应用，不仅体现了中华民族独特的精神和特征，并且树立了中国传统特色的形象。铜陵新九鼎铜文化产业有限公司推出的"铜＋生活馆"，就是致力于构建铜在生活中的应用百态，打造优质的铜艺术家居美学。该馆将传统的铸铜技艺与现代科技相融合，推出一系列兼具实用价值和艺术价值的铜产品和文化礼品，让古老沉重的铜工艺变得时尚轻灵，让铜与人更亲近，让生活充满"铜趣"。青铜艺术在日用器物上的运用，就是让青铜之美走向大众，融入现代人的生活。

青铜艺术在文化旅游中的运用

　　以文促旅，以旅彰文。推动文化和旅游融合发展，已成为发展现代旅游业、促进文化传播的必然选择。文旅融合可以赋予旅游灵魂、丰富旅游业态，更能让优秀的传统文化绽放出更耀眼的光芒。青铜艺术在文化旅游中的运用，就是对文旅融合发展的实践。

旅游景区场景化

随着国民收入的增长，人们对旅游有了更多的期待，过去单一、静态的旅游已经难以满足人民日益增长的美好生活需要，当下旅游逐渐朝着以内容化、场景性消费为主的方向发展。如杭州宋城景区就是主题公园形态，它是根据著名画作《清明上河图》的原型打造的一个古城，以"建筑为形，文化为魂"，其灵魂是中国非物质文化遗产，集聚了各式老作坊，古老神秘的中华手艺在这里一一呈现。同时，以"一个公园 + 一台演出"模式将文旅产业做到极致，成为场景性的旅游目的地。

以青铜文化为旅游主题的景区，可依托铜文化博物馆、遗址等创建主题公园，可集聚铜手艺形成特色小镇，并以青铜工艺推出研学旅行产品。景区通过直接利用、情景再现、创意开发、主题建设和体验设计等多种途径，将青铜采冶铸等生产过程及与铜相关的风俗、历史事件场景化，提高青铜文化的影响力。这种旅游景区场景化，就是积极运用数字、网络等高新技术，通过虚拟现实、智能机器人、场景再现等高新技术，开发适应年轻旅游群体爱好的实景模拟、沉浸体验、数字博物馆等新建旅游体验类产品，形成"参与感""沉浸式"的旅游新业态，如铜文化特色酒店、民宿等。

旅游纪念品特色化

旅游纪念品是游客旅游经历的载体，能唤起游客对旅行活动的美好回忆，所以纪念性是旅游商品的重要功能。只有依托地域文化，才能设计出具有艺术价值、收藏价值的旅游纪念品，从当今严重同质化的旅游纪念品市场中脱颖而出，与当地旅游业相辅相成，创造效益。因而，在特色旅游纪念品设计中，要依托地方文化，突出该地独特的民俗习惯、民族风情、地域特色、历史文化和物产等要素，将地域文化符号化并充分地运用到旅游纪念品中。要逐层搭建基于地域文化的旅游纪念品设计中的文化生成与传达机制，将地域文化符号在旅游纪念品设计中进行文化识别与表达，从而形成特色。

青铜艺术在旅游纪念品中的应用，要充分汲取古代青铜器的形态元素、纹饰、铭文和工艺等方面精髓，赋予时代观念，提升现代旅游纪念品的设计价值和区域特色。可以将青铜艺术作为创意元素，设计一批表现古代人生产、生活、祭祀、战斗的旅游纪念品，如青铜摆件、青铜武器等仿制品、钥匙链挂件等，印有神秘的符号、纹样的穿戴纪念品，从而展示青铜文化，凸显深厚的历史、文化底蕴。可以缩小仿制具有代表性的古代青铜器，也可以将著名雕塑家的作品制作成铜工艺品，成为便于携带的特色旅游纪念品、文创衍生品和礼品，赋予旅游纪念品青铜的光泽和美感。

旅游业态 IP 化

IP 与旅游具有天然的结合空间，借力"IP+"，可以为旅游形象传播插上翅膀，继而推动旅游产业的全方面发展。在 IP 的开发过程中，要增强文化自信，从中国历史、中华神话故事、传统戏剧、古典小说汲取养分，塑造具有中国特色的文化 IP，并结合时代的发展，重塑 IP 的叙述方式和呈现效果，实现"讲新故事、塑新 IP"目的。如动画片《小凉帽之白鹭归来》在多家卫视和视频平台一经播出，即成为少儿动画影片热门，让"小凉帽"这一自主开发的文化 IP，跻身具有国际影响力的中国原创 IP 行列，成为讲好"中国故事"的优秀代表之一。此外，对"小凉帽"IP 的全矩阵式文化发掘，创作了小说、绘本、电影、动画、歌曲等系列作品，以及主题酒店、主题农场、主题餐厅等衍生产业的开发，构建起较为完整的"小凉帽"IP 全产业链和丰富的 IP 内容矩阵。

一个好的 IP，具有不可复制、不可替代的文化内涵，能够成为优质内容的竞争内核，富有强劲的生命力。对青铜文化的挖掘与活化，是相关景区培育 IP 的一种破题路径。我们首先要在青铜历史文化中提炼出元素，特别是体现传统文化精髓和气质的元素，然后将青铜文化元素与艺术教育、节庆会展、健康旅游等结合在一起，衍生出相关的文化旅游业态。例如，可以挖掘青铜历史，以"青铜灯"为核心元素，做一个夜游的体验，结合音乐感应灯、灯光秀、动漫元素，制作相关衍生品。还可以将青铜文化中的礼仪元素节庆化，以青铜编钟为主题举办音乐节，让古老的编钟焕发出蓬勃的青春魅力。

青铜艺术在文创产业中的运用

1998 年，英国创意产业特别工作组首次对创意产业进行了定义，提出创意产业主要是"源自个人创意、技巧及才华，通过知识产权的开发和运用，具有创造财富和就业潜力的行业"。根据这个定义，应运而生的文化创意产业主要包括广播影视、动漫、音像、传媒、视觉艺术、表演艺术、工艺与设计、雕塑、环境艺术、广告装潢、服装设计、软件和计算机服务等方面的创意群体，成为一道亮丽的产业风景线。文创产业是文化与创意的融合，而且依存于其他产业领域，如工艺设计、工艺制造等传统工艺美术领域，来实现文化创意的关联、扩散和传播。传统青铜艺术如何进入文创产业，通过创意设计将传统工艺文化元素符号时尚化，将精神内涵虚拟化、符号化，或者依托转移、嫁接等方式来实现艺术品牌的打造，是时代赋予我们的课题。我们要做的就是，整合文化资源，凸显创意，以"青铜艺术＋"的方式，将青铜艺术延伸至相关产业，打造传统工艺与现代文创融合的文化产业链。

讲好青铜故事

文创产业范围可延伸至艺术展演、广播音像、影视动漫、互动休闲软件等产业，传统艺术进入此一领域就要讲好故事。我们要萃取古代文化、艺术、名人故事的核心要素，把它提炼成今天的故事，找到新的传播方式，并与其他产业相辅相成，共彰共显，形成多元业态。如大型山水实景演出《印象·刘三姐》、历史文化主题展演《宋城千古情》、原生态民族歌舞演出《云南映象》及无锡灵山的《吉祥颂》等，不仅是旅游娱乐营销的个案，而且是提升地区文化实力的创新实践——这样的一台演出就成为一个区域的文化"名片"。

青铜艺术跟中国传统礼乐文化是分不开的。1978年，在湖北随州的曾侯乙墓出土了距今2400余年的乐器礼器，包括编钟、编磬、瑟、埙、笙、建鼓、排箫、筝等乐器125件，证明了七声音阶不是从欧洲传来的。大型音乐舞蹈史诗《编钟乐舞》重现了青铜风情，其中的《楚宫夜宴》表演的就是楚国宫廷的长袖舞。一队宫女身着白色深衣，广袖飞舞，舒

大型音乐舞蹈史诗《编钟乐舞》

封印兽

卷自如，动作划一，队形变换，如同月中嫦娥，飘飘欲仙；《征战》是男子表演的舞蹈，身穿楚国戎装的男子，随着刚劲的鼓点声，舞动长戈磬，征战沙场，勇往直前。最后一幕是全套编钟编磬与其他乐器的大合奏，宏大华美，悠扬悦耳，奉上了一场"伟大的精神盛宴"。这即是讲好"青铜故事"的成功范例。

青铜艺术可以借由符合当代审美、欣赏特点的创作以焕发新的活力，可以采取更符合年轻一代欣赏趣味的形象设计。比如，在动漫《哪吒之魔童降世》中的封印兽形象上，我们可以明显看到青铜纹饰、黄金面具、青铜色等明显的青铜器特征。这一青铜器的拟人形象被赋予人的性格，并增添了趣味元素，给观影群众留下了深刻的印象。

设计青铜产品

文创产业范围可延伸至建筑、环境艺术、广告装潢、工业产品和创意产品设计等产业，青铜艺术进入这一领域就是要设计"青铜产品"。近三十年来，工业设计在中国得到了很快的发展，一套完整的现代工业产品设计体系已经基本成形。时代在悄悄地变迁。我们既要追求时尚感，也要在继承传统文化的潮流中前进，在一些工艺产品的设计中加入中国传统文化元素是现代工艺产品设计的发展趋势。青铜器的传统形式代表中华民族独特的审美情感。我们应从青铜艺术形体构建、像生手法以及虚实空间等方面，研究青铜器造型艺术在现代工业设计中的应用方式，为现代工业产品造型的设计提供元素，让工业产品更具有文化内涵与审美趣味。

"青铜产品"还表现为文创产品。我们要汲取青铜艺术的养分，设计出既融入中国传统文化元素又具有时尚感的工艺作品。如"铜师傅"创意生产的"大圣之传奇"系列文创产品即是成功之作，一下子就拉近了年轻人和铜工艺品之间的距离。传统题材的潮流表达，更适合年轻人的审美。由此，精雕细琢的"大圣之传奇"系列作品众筹上线，好评如潮。

建设青铜园区

文化创意产业的快速发展带动了一批知名创意产业园区的发展，聚集了一批创意人才，形成了一定的产业集聚效应。近年来，上海将100多座老工业建筑如老工厂、老仓库等，改造成泰康路视觉创意设计基地和昌平路新广告、动漫、影视图片等一批独具特色的创意园区生产基地，开辟了创意产业和城市转型的新道路。这种创意产业园区的成功经验，探索了具有中国特色的创意产业发展之路。

由于青铜艺术在文创产业中的延伸，我们可以建设青铜创意园区，引领古典而时尚的青铜文化生活，重回青铜时代；可以建设青铜文化产业博览园，集创意、设计、雕塑、制作、拍卖、画廊、展览、旅游、科

安徽省铜陵市国际铜雕艺术园

研、实习等功能为一体，打造铜文化产业高地；也可发挥地域青铜文化和铜工业的优势，加大对于废旧厂房的改造力度，建设都市休闲文旅产业聚集区。依托废旧厂房建设博物馆、酒吧、咖啡馆、文创店铺，打造青铜流行文化聚集地。

　　硕大的形体，显示了青铜艺术的恢宏；铜绿斑驳的外表，昭示着青铜艺术的历史。在日新月异的今天，青铜艺术在文化产业领域有了更为广阔的天地，古老的青铜艺术定然会在时代的大风里绽放异彩。

参考文献

著作：

[1] 李学勤. 中国美术全集：工艺美术编 5[M]. 北京：文物出版社, 1986.

[2] 马承源. 中国青铜器全集 [M]. 北京：文物出版社, 1997.

[3] 朱凤瀚. 古代中国青铜器 [M]. 天津：南开大学出版社, 1995.

[4] 华觉明. 中国古代金属技术：铜和铁造就的文明 [M]. 郑州：大象出版社, 1999.

[5] 谭德睿. 陈美怡. 艺术铸造 [M]. 上海：上海交通大学出版社, 1996.

[6] 郭宝钧. 商周铜器群综合研究 [M]. 北京：文物出版社, 1981.

[7] 郭沫若. 两周金文辞大系图录考释 [M]. 上海：上海书店出版社, 1999.

[8] 杜廼松. 中国古代青铜器简说 [M]. 北京：书目文献出版社, 1984.

[9] 陈望衡. 中国古代青铜艺术鉴赏 [M]. 上海：上海人民美术出版社, 2002.

[10] 吴山. 中国历代装饰纹样：新石器时代·商·西周·春秋 [M]. 北京：人民美术
        出版社, 1988.

[11] 孔祥星, 刘一曼. 中国古代铜镜 [M]. 北京：文物出版社, 1984.

[12] 张光直. 中国青铜时代 [M]. 北京：生活·读书·新知三联书店, 1983.

[13] 阮元. 积古斋钟鼎彝器款识 [M]. 北京：商务印书馆, 1937.

[14] 巫鸿. 废墟的故事：中国美术和视觉文化中的"在场"与"缺席"[M]. 肖铁,
        译. 上海：上海人民出版社, 2012.

[15] 李泽厚. 美的历程：插图珍藏本 [M]. 桂林：广西师范大学出版社, 2001.

[16] 威廉·荷加斯. 美的分析 [M]. 杨成寅, 译. 桂林：广西师范大学出版社, 2002.

[17] 宗白华. 美学散步 [M]. 上海：上海人民出版社, 1981.

[18] 陈继儒. 太平清话 [M]. 北京：商务印书馆, 1936.

论文：

[1] 胡守海．商周青铜器纹饰演变原因析 [J]．装饰，2005(3):33.

[2] 赵殿增．三星堆考古发现与巴蜀古史研究 [J]．四川文物，1992(S1):3.

[3] 苏宁．与青铜器对话：三星堆青铜文化审美阐释 [J]．天府新论，2003(6):106-
111.毕硕本，张国建，侯荣涛，等．三维建模技术及实现方法对比研究 [J].
武汉理工大学学报，2010(16):26-30,83.

[4] 栾悉道，应龙，谢毓湘，等．三维建模技术研究进展 [J]．计算机科学，2008,(2):4.

[5] 何佳雨，王刚．青铜纹饰在荆楚景观设计中的应用探索 [J]．艺术与设计
（理论),2018,2(06):88-89.

[6] 元博．商周青铜元素在当代展示空间设计中的应用研究 [D]．海南大学,2020.

[7] 陈晨．青铜文化在城市景观中的应用研究 [D]．南京林业大学,2020.

[8] 汤京花．铜材在建筑装饰设计中的艺术表达研究 [D]．安徽建筑大学,2015.

[9] 吴霞．古滇青铜艺术数字化研究 [D]．云南师范大学,2016.

[10] 石卉．薄壁铝合金艺术零件的消失模铸造技术研究 [D]．华中科技大学,2007.

[11] 向青春，张伟，毛杰，等．应用数字化无模铸造技术生产艺术铸件的探索与
实践 [J]．铸造设备与工艺,2014(01):15-18.

[12] 张晓梅，薛野．从中国古代铜镜的演变看装饰风格的时代性 [J]．无锡商业职
业技术学院学报，2004, 4(4):2.

[13] 包燕．三星堆器物坑青铜器与商代中原青铜器的比较 [D]．山东大学，2009.

[14] 武丽娜．秦始皇陵新出土青铜鹤的制作工艺 [J]．广西民族大学学报(自然科学版)，
2009，（S2）:4.

[15] 陆宇澄．我国古代设计艺术中技术与艺术的关系 [J]．苏州大学学报（工科版），
2002(03):57-60.

[16] 王彦捷．中国青铜器的重要特点 [J]．北方文学（中旬刊），2017(5):173.

[17] 董涛．先秦青铜形态研究 [D]．武汉理工大学，2003.

[18] 潘公凯．潘天寿谈艺录 [J]．新文化史料，1997(4).

常见青铜器名称表

序号	名称	注音	解释	图例
1	匕	bǐ	古代的一种取食器具，长柄浅斗，形状像汤勺	
2	箅	bì	蒸锅中的竹屉。后指有空隙而能起间隔作用的片状器具	
3	镈	bó	古代乐器	
4	瓿	bù	古代的一种小瓮，圆口，深腹，圈足，用以盛物	

5	鐋	diào	句鐋，古代祭祀和宴飨时用的乐器，形似铎	
6	鼎	dǐng	古器物。常见的为圆腹三足两耳，也有方形四足的。盛行于商、周。用于煮、盛物品，或置于宗庙作铭功记绩的礼器	
7	豆	dòu	古代盛肉或其他食品的器皿，形状像高脚盘	
8	敦	duì	古代用来盛放黍、稷、粱、稻等饭食的器皿	

9	铎	duó	古代乐器。用于宣布政教法令的一种大铃	
10	簠	fǔ	古代食器，也用作祭器。长方形，各有两耳。用以盛放黍、稷、稻、粱	
11	缶	fǒu	盛酒浆的瓦器。大腹小口，有盖。也有铜制的	
12	觥	gōng	古代酒器。腹椭圆，有流及鋬，底有圈足。有兽头形器盖，也有整器作兽形的	

13	觚	gū	古代酒器。喇叭形，细腰、高圈足，腹和圈足上有棱	
14	簋	guǐ	古代盛食物的器皿，也用作礼器。形状不一，一般为圆腹、侈口、圈足	
15	盉	hé	古代用以调和酒味浓淡的器皿。圆口，深腹，三足，有长流、鋬和盖	
16	壶	hú	器名。古代用以盛酒浆或粮食，也可做礼器、乐器、娱乐用具、漏水计时器等	

17	斝	jiǎ	古代酒器。圆口,有流、柱、鋬与三足	
18	鉴	jiàn	古代盛水的大盆	
19	禁	jìn	古代祭祀时承放酒樽的礼器,形如方案	
20	角	jué	古代酒器。形似爵而无柱与流,两尾对称,有盖	
21	爵	jué	古代酒器。有流、鋬、两柱、三足,用以盛酒和温酒	

22	罍	léi	古代一种盛酒的容器，也做盥洗的器皿	
23	鬲	lì	古代炊具。圆口，三足，足中空而曲	
24	铙	náo	古军乐器名。体短而阔，有中空的短柄，插入木柄后可执。使用时口向上，以捶击之而鸣	
25	盘	pán	一种敞口扁浅的盛器	
26	軎	wèi	古代车上的零件，形如圆筒，套在车轴的两端	

27	盨	xǔ	古代盛食物的铜器，椭圆口，有盖，两耳，圈足或四足	
28	甗	yǎn	古代炊器。上部是透底的甑，下部是鬲，中置一有孔的箅。也有上下部可分开的，多为圆形，也有方形	
29	匜	yí	古代盛水、酒的器具。形如瓢，有流和鋬	
30	彝	yí	古代青铜祭器的通称	
31	卣	yǒu	古代专门用以盛放祭祀用酒的青铜酒器	

32	钺	yuè	古兵器。形似斧而较大，圆刃，金属制，也有玉石制的。多用于礼仪，以象征帝王的威权	
32	甑	zèng	古代蒸食炊器，底部有许多透蒸汽的小孔，放在鬲上蒸煮	
33	钲	zhēng	古乐器，形似钟而狭长，有长柄可执，口向上以物击之而鸣，在行军时敲打	
34	卮	zhī	古代盛酒的器皿	

35	觯	zhì	古时饮酒用的器皿，细身，侈口，圈足，有盖	
36	钟	zhōng	古时盛酒的器皿，也作古乐器	
37	镞	zú	箭头，有双翼、三棱等多种类型	
38	尊	zūn	古代盛酒礼器。历代形制不一，用于祭祀或宴享宾客之礼。后泛指盛酒器皿	